Zusammenfassung

Zusammenfassung

Diese Bachelorarbeit beschäftigt sich mit der forensischen A
hierbei auftretenden Problemen und zeigt auf, in welchen Be............... und in welchen nicht. Hierfür werden im ersten Teil dieser Arbeit die allgemeinen Grundlagen der forensischen Analyse, der elektrotechnische Aufbau von Flash-Speichern und deren Einsatzgebiete erläutert. Des Weiteren werden die Besonderheiten der Speicherverwaltung von Flash-Speichern und die daraus resultierenden Folgen für die Forensik aufgezeigt. Zuletzt werden noch einige Tools betrachtet, welche zum Teil in dem darauf folgenden Versuch zur Rekonstruktion und Untersuchung von Daten genutzt wurden.

Abstract

This bachelor thesis deals with the forensic analysis of flash memories, the problems experienced in this area and it demonstrates the areas in which an analysis is possible and where not. For this purpose, the general principles of forensic analysis, the electro technical structure of flash memories and their uses are discussed in the first part. Furthermore, it explains the specifics of the memory management of flash memories and the resulting consequences for forensics. In the last part some tools are still considered, which were partly used in the following attempt for reconstruction and analysis of data.

I

Inhaltsverzeichnis

1. Einleitung *1*

2. Grundlagen der forensischen Analyse *3*

2.1 Vorgehensweise **3**

2.2 Integrität der Daten **3**

    2.2.1 Kryptographische Hashfunktionen 4

2.3 Write-Blocker **5**

    2.3.1 Hardware-Write-Blocker 5

    2.3.2 Software-Write-Blocker 5

2.4 MAC-Time **6**

2.5 Slack **6**

2.6 File-Carving **8**

    2.6.1 Einführung in Carving 8

    2.6.2 Carving-Methoden 10

3. Aufbau und Funktionsweise von Flash-Speicher *17*

3.1 Aufbau **17**

3.2 Vor- und Nachteile von Flash-Speichern **20**

3.3 Lesen **21**

3.4 Löschen **22**

3.5 Schreiben **23**

3.6 Arten von Flash-Speicherzellen **24**

    3.6.1 SLC-Flash 24

    3.6.2 MLC-Flash 24

    3.6.3 TLC-Flash 25

4. Arten von Flash-Speichern *26*

4.1 USB-Stick **26**

4.2 Speicherkarte **27**

4.3 SSD **28**

Inhaltsverzeichnis

4.4 SSHD 28

5. Dateisysteme 30

5.1 FAT 30

5.2 NTFS 31

5.3 EXT 33

6. Speicherverwaltung bei Flash-Speichern 35

6.1 Pages und Blocks 35

6.2 Write Amplification und Read-Modify-Write-Zyklus 35

6.3 Wear-Leveling-Algorithmus 37

6.4 Flash-Translation-Layer (FTL) 38

6.5 Bad Block Management (BBM) und Reservesektoren 39

6.6 TRIM 40

6.7 Garbage Collector 40

7. Besonderheiten und Probleme bei der Flash-Forensik 41

7.1 White- und Black-Box Forensik 41

7.1.1 White-Box Forensik 41

7.1.2 Black-Box Forensik 41

7.2 Integrität der Daten 42

7.3 Write-Blocker 42

7.4 Slack 42

7.5 Reservesektoren 43

8. Betrachtete Programme 44

8.1 dd (Linux) 44

8.2 cmp (Linux) 45

8.3 nwdiff (Windows) 46

8.4 Recuva (Windows) 47

Inhaltsverzeichnis

8.5 EnCase (Windows) **48**

8.6 Sleuthkit (Linux/Windows) **49**

8.7 Autopsie (Linux/Windows) **50**

8.8 DiskDigger (Linux/Windows) **51**

8.9 Photorec (Linux/Windows) **52**

8.10 PC Inspector File Recovery (Windows) **52**

8.11 USB Write Blocker for ALL Windows (Windows) **53**

8.12 FileCompare (Windows) **54**

8.13 PDFCreator (Windows) **54**

9. Versuchsdurchführung **55**

9.1 Ziel des Versuches **55**

9.2 Genutzte Speichermedien **56**

9.3 Technischer Aufbau...**58**

9.4 Versuch: Daten rekonstruieren **59**

9.4.1 Speichermedien vorbereiten 59

9.4.2 Daten rekonstruieren 60

9.4.3 Ergebnisse des Versuches 62

9.4.4 Auswertung der Ergebnisse..63

10. Zusammenfassung..**64**

1. Einleitung

Australische Wissenschaftler der Murdoch Universität sagen in ihrem Artikel „Solid State Drives: The Beginning of the End for Current Practice in Digital Forensic Recovery?" voraus, dass der immer größer werdende Einsatz von Flash-Speichern bzw. SSD-Festplatten zum Ende der forensischen Analyse führt [END 2010]. Falls dies tatsächlich so ist, stellt sich die Frage, welche Auswirkungen dies hätte bzw. warum ist die IT-Forensik überhaupt wichtig?

Zur heutigen Zeit werden im Beruf, wie auch im privaten Umfeld, fast alle wichtigen Daten elektronisch erfasst. Da es sich hierbei aber auch um illegal erworbene oder gegen vorhandene Geschäftspraktiken verstoßende oder durch Hacker-Angriffe entstandene Daten handeln kann, ist es wichtig, diese auch nach dem Löschen beweissicher wiederherstellen und analysieren zu können. Bei Festplatten oder Disketten, welche wie HDD-Platten auf dem Prinzip der magnetischen Speicherung aufgebaut sind, ist dies in den meisten Fällen ohne größere Probleme möglich. Das liegt vor allem daran, dass die Daten nicht wirklich gelöscht, sondern nur aus dem „Inhaltsverzeichnis", also der sogenannten Master File Table bei NTFS bzw. der File Allocation Table bei FAT, entfernet werden. Somit sind die Dateien solange auf der Festplatte vorhanden, bis sie durch andere überschrieben wurden.

Da mittlerweile aber immer mehr Flash-Speicher, wie beispielsweise microSD-Karten im Handy, USB-Sticks oder SSD-Laufwerke zum Einsatz kommen, ist eine Rekonstruktion nicht mehr so ohne weiteres möglich. Ein wesentlicher Grund hierfür sind die unterschiedlichen Funktionsweisen von Flash-Speichern und magnetischen Speichern. Während bei magnetischen Speichern, wie auch der Name schon sagt, Daten durch Magnetisieren der Festplattenoberfläche gespeichert werden, geschieht dies bei einem Flash-Speicher durch unterschiedliche Ladungszustände. Die elektronische Speicherung bietet einige Vorteile, da hier beispielsweise keine mechanischen Leseköpfe benötigt und eine wesentlich höhere Geschwindigkeit erzielt werden kann. Allerdings können elektronische Speicherzellen nur neu beschrieben werden, wenn ihr Inhalt vorher auch wirklich und damit endgültig gelöscht wurde. Welche Auswirkungen diese Eigenschaft der einzelnen Speicherzellen auf ein komplettes Speichermedium hat und wie sich diese bei einer forensischen Untersuchung bemerkbar machen, wird in dieser Arbeit analysiert.

Zudem besitzen Flash-Speicher wegen ihrer speziellen Bauweise nur eine begrenzte Lebensdauer. Aus diesem Grund wurden verschiedene Verfahren für SSD-Laufwerke entwickelt, welche ein möglichst schnelles Schreiben ermöglichen und die Nutzungsdauer erhöhen. Hierbei spielen der sogenannte Wear-Leveling-Algorithmus, der TRIM-Befehl und ein Garbage Collector eine große Rolle. Der Wear-Leveling-Algorithmus verteilt die zu speichernden Daten gleichmäßig über das Speichermedium, sodass eine Überbelastung einzelner Speicherzellen vermieden wird. Durch den TRIM-Befehl wird der SSD-Platte vom System mitgeteilt, welche Speicherbereiche als gelöscht markiert wurden und somit nicht weiter genutzt werden. Befindet sich die Festplatte in einer Leerlaufzeit, führt also gerade keine Lese- oder Schreibzugriffe durch, wird der Garbage-Collector gestartet und löscht diese markierten Speicherbreiche. Dies hat zur Folge, dass gelöschte Daten nach wenigen Minuten vernichtet und höchst wahrscheinlich nicht rekonstruiert werden können. Ob es dennoch Ansätze zur Rekonstruktion der Daten gibt, soll Teil der Untersuchungen dieser Arbeit sein.

Des Weiteren werden bei Flash-Speichern sogenannte Reservesektoren genutzt, welche den Ausfall einzelner Zellen kompensieren sollen. Diese Reservesektoren sind nicht direkt ansprechbar aber könnten theoretisch Daten enthalten, die für eine forensische Untersuchung interessant sein könnten. Eine Fragestellung dieser Arbeit wird sein, ob ein Zugriff dennoch möglich ist und ob wirklich untersuchungsrelevante Daten enthalten sein könnten.

Außerdem soll geklärt werden, ob bzw. welche Unterschiede es bei der forensischen Analyse von Flash-Speichern zu herkömmlichen Datenträgern gibt und wie sich diese auswirken. Hierbei wird zum Beispiel die Herangehensweise bei einer Untersuchung betrachtet, bei der nicht nur eine korrekte Rekonstruktion der Daten wichtig ist, sondern beispielsweise auch darauf geachtet werden muss, dass die Integrität der Ursprungsdaten für eine Beweissicherung gewahrt bleibt.

2. Grundlagen der forensischen Analyse

2.1 Vorgehensweise

Bei der forensischen Analyse ist vor allem wichtig, niemals auf den Originaldaten zu arbeiten. Es sollte immer ein Raw-Image erstellt werden, bei dem alle Daten bitgenau kopiert werden. Mit diesem Abbild wird anschließend die forensische Analyse durchgeführt, um eine Verfälschung des Originals auszuschließen. Allerdings kann es auch beim Start von (System-) Programmen dazu kommen, dass die Daten unwillentlich verändert werden. Aus diesem Grund kommen hier forensische Tools (siehe Kapitel 8) zum Einsatz, mit deren Hilfe Abbilder von kompletten Datenträgern erzeugt werden können. Dadurch muss nicht auf dem Originalträger gearbeitet werden und somit können ungewollte Veränderungen durch Schreibvorgänge oder Starten von Programmen auf dem ursprünglichen Speichermedium verhindert werden. Außerdem können sogenannte Write-Blocker (siehe Kapitel 2.3) ein unbeabsichtigtes Schreiben unterbinden.

Im Grunde besteht jede forensische Analyse aus zwei großen Schritten. Erstens die Datensammlung, bei der alle wichtigen Daten zusammengetragen werden und zweitens die anschließende Analyse aller gesammelten Informationen. Für eine spätere Auswertung und Reproduktion der Ergebnisse müssen zusätzlich sämtliche Schritte detailliert dokumentiert werden. Hierbei sollte besonders darauf geachtet werden, die Vorgehensweise und genutzten Hilfsmittel bzw. Software zu protokollieren. [vgl. Secorvo 2006, S. 3]

2.2 Integrität der Daten

Damit Ergebnisse einer forensischen Untersuchung beispielsweise vor Gericht beweissicher sind, muss die Integrität des genutzten Datenmaterials sichergestellt sein. Das bedeutet unter anderem, dass die Daten unverändert sein müssen. Hierfür erfolgt die Erzeugung eines Hash-Wertes auf Grundlage der zur Verfügung gestellten Daten mittels einer Hash-Funktion.

Eine Hash-Funktion ist eine mathematische Funktion, die aus einer großen Datenmenge eine Zeichenkette fester Länge erzeugt. Dieser String kann als „digitaler Fingerabdruck" gedeutet werden und ist somit eindeutig. Sobald sich die Daten auch nur geringfügig ändern, hat dies teilweise große Auswirkungen auf den berechneten Hash-Wert. Somit stimmen die digitalen Fingerabdrücke vor und während der Zeit eines vermuteten Missbrauchs nicht mehr überein [vgl. Ubuntuusers 2013].

2.2.1 Kryptographische Hashfunktionen

Der einfachste Weg, die Veränderung einer Datenmenge festzustellen, ist der Einsatz einer Prüfsumme. Prüfsummen werden anhand verschiedener Algorithmen bestimmt und in vielen Bereichen der Technik eingesetzt. So zum Beispiel bei der Datenübertragung (CRC-Prüfsumme), aber auch bei der Überprüfung korrekter IBAN[1]- oder Personalausweisnummern[2].

Hier können zufällig auftretende Fehler bei der Übertragung oder beim Kopieren erkannt werden. Sie schützen aber nicht bei mutwilliger Veränderung, da sie recht einfach berechnet werden können. Dies hat zur Folge, dass Daten so manipuliert werden können, sodass sich sowohl bei den Originaldaten, als auch bei den gefälschten Daten dieselbe Prüfsumme errechnen lässt und Veränderungen nicht mehr nachgewiesen werden können.

Eine sicherere Methode ist die Erzeugung eines kryptographischen Hash-Wertes. Hierbei ist es wichtig, dass der Hash-Wert bestimmte Eigenschaften vorweist. Zum einen dürfen die Daten nicht aus dem Hash-Wert rekonstruiert werden können, d.h. der Hash-Wert darf keine Rückschlüsse auf die Daten ermöglichen. Außerdem müssen alle berechneten Werte gleichmäßig über den gesamten verfügbaren Zeichenraum verteilt sein. Dies verhindert eine doppelte Vergabe bei ähnlichen Datensätzen. Zudem sollte sichergestellt werden, dass selbst bei kleinen Veränderungen des Datensatzes große Veränderungen im Hash-Wert erfolgen. Somit wird eine Manipulation der Daten eindeutig erkennbar. Die Erzeugung eines identischen Hash-Wertes durch mutwillige Manipulation des Datensatzes darf nicht oder nur mit sehr großem Aufwand möglich sein. Dadurch kann eine unbemerkte Veränderung der Daten nahezu ausgeschlossen werden. Bei heutigen Hash-Funktionen ist dies meist nur durch das Brute-Force-Verfahren möglich, bei dem alle verfügbaren Kombinationen durchprobiert werden[3]. Dies erfordert allerdings entweder sehr viel Rechenleistung oder einen enorm hohen Zeitaufwand [vgl. Ubuntuusers 2013].

Nicht nur in der IT-Forensik haben sich im Laufe der Zeit zwei Methoden als besonders effizient erwiesen: die Hash-Funktion MD5 und der Secure-Hash-Algorithmus (SHA). Es gibt verschiedene SHA-Typen, nämlich der SHA1, die SHA2-Familie und SHA-3. Inzwischen gelang es einigen Forschern, den Berechnungsaufwand zur Erzeugung von beliebigen SHA1-Hashs durch Manipulation der Daten zu reduzieren [vgl. Xiaoyun 2005]. Seitdem gilt SHA1 nicht mehr als sicher und deshalb wird unter anderem vom „Bundesamt für Sicherheit in der Informationstechnik (BSI)" und dem „Nationalen Institut für Standards

---

[1] URL http://www.iban.de/iban-pruefsumme.html
[2] URL http://www.ausweisnummer.com/
[3] URL http://www.howtogeek.com/166832/brute-force-attacks-explained-how-all-encryption-is-vulnerable/

und Technologie (NIST)" die Verwendung der SHA256-Funktion aus der SHA2-Familie empfohlen [vgl. BSI 2011, S. 31].

2.3 Write-Blocker

Soll eine Festplatte oder ein anderes Speichermedium forensisch untersucht werden, muss wie in Kapitel 2.1 beschrieben, sichergestellt werden, dass weder Programme noch Personen die Originaldaten verändern. Hierfür müssen alle schreibenden Zugriffe unterbunden werden, was durch sogenannte Write-Blocker erfolgen kann. Eine sicherere, aber auch kostenintensivere Variante stellen hierbei Hardware-Write-Blocker dar. Allerdings können auch Software-Write-Blocker Schreibzugriffe verhindern [vgl. Wikibooks 2014].

2.3.1 Hardware-Write-Blocker

Wie der Name Hardware-Write-Blocker schon beschreibt, handelt es sich hierbei um ein bestimmtes Gerät, das die Kommunikation zwischen Computer und dem zu untersuchendem Medium überwacht und kontrolliert. Das bedeutet, dass alle Zugriffe, egal ob lesend oder schreibend, zunächst einmal durch den Hardware-Write-Blocker abgefangen und überprüft werden. Wird hierbei festgestellt, dass es sich um einen Lesezugriff handelt, wird dieser unverzüglich an das angeschlossene Speichermedium weitergeleitet. Im Gegensatz hierzu werden Schreibzugriffe blockiert und demzufolge nicht weitergegeben. Dadurch ist ein Schreiben auf der Festplatte o.ä. nicht möglich, da die Befehle vorher abgefangen werden. Viele handelsübliche Schnittstellen wie SATA oder USB werden von Hardware-Write-Blockern unterstützt [vgl. Wikibooks 2014].

2.3.2 Software-Write-Blocker

Im Unterschied zu Hardware-Write-Blockern benötigen Software-Write-Blocker kein zusätzliches Gerät, sondern erfordern lediglich eine Anpassung des für die Analyse genutzten Computers. Dies kann durch unterschiedliche Ansätze realisiert werden. Zum Ersten können Programme wie beispielsweise „USB Write Blocker for ALL Windows" (siehe Kapitel 8.11) für Microsoft Betriebssysteme verwendet werden. Dieser Programmtyp verändert einen bestimmten Windows-Registry Eintrag und setzt hierdurch einen Schreibschutz. Dies könnte auch durch einen manuellen Eingriff in die Registry erfolgen, wird aber durch die Unterstützung des Tools vereinfacht. Eine weitere Methode besteht darin, bestimmte Treiber des Betriebssystems durch speziell angepasste Treiber zu ersetzen. Diese Treiber setzen im Gegensatz zur vorher beschriebenen Technik nicht nur einen Schreibschutz, sondern greifen aktiv in die Kommunikation zwischen Computer und

Datenträger ein. Diese Methode wird zum Beispiel von dem Programm EnCase aus Kapitel 8.5 unterstützt.

Eine weitere Methode ist eine Manipulation des BIOS. Hierbei wird der sog. Interrupt-Befehl INT13h verändert. Dieser Befehl ist unter anderem für die Steuerung der Schreibzugriffe auf Festplatten und Disketten zuständig [vgl. Wikibooks 2014].

Unter Linux besteht die Möglichkeit, einen Datenträger lediglich mit Leserechten zu mounten[4], also im System einzubinden. Das bedeutet, dass schreibende Zugriffe direkt vom Betriebssystem unterbunden werden.

2.4 MAC-Time

Bei der forensischen Analyse spielen viele Faktoren eine wichtige Rolle. Es ist oft besonders wichtig, zu wissen, zu welchem Zeitpunkt die Daten das letzte Mal geändert oder aufgerufen wurden, um ausschließen zu können, dass es sich um eine mutwillige Manipulation handelt. Hier kommt der sogenannte MAC-Zeitstempel zum Einsatz. Das M steht hierbei für Modify und gibt an, wann der letzte schreibende Zugriff stattgefunden hat. Der letzte Lesezugriff kann dank des Access-Zeitpunkts (A) nachvollzogen werden. Die Bedeutung von C der MAC-Time hängt vom verwendeten Betriebssystem ab. Unter Linux bedeutet C Change und zeigt an, wann das letzte Mal die Dateneigenschaften, wie z.B. Zugriffsrechte, geändert wurden. In Windows steht C allerdings für Creation und gibt den Zeitpunkt an, an dem die Datei erstellt wurde. Auch wenn sie kopiert wurde, erhält die Datei einen neuen Creation-Zeitpunkt, nicht aber wenn sie nur verschoben wurde.

Deshalb spielt der MAC-Zeitstempel für die forensische Analyse eine besondere Rolle, denn hier kann festgestellt werden, wann Daten das letzte Mal geändert wurden und somit auch, ob sie während der Zeit eines vermutlichen Missbrauchs manipuliert wurden oder nicht [vgl. Geschonneck 2011, S. 113].

2.5 Slack

Standardgemäß werden alle Speichermedien in Blöcke aufgeteilt, welche als Sektoren bezeichnet werden. Durch die Zusammenschließung mehrerer Sektoren zu einem sogenannten Cluster kann die Speicherverwaltung großer Datenmengen erleichtert werden. Zudem ist es einem Betriebssystem nur möglich, gesamte Cluster anzusprechen, nicht aber einzelne Sektoren. Soll eine Datei gespeichert werden, wird diese nun auf mehrere Cluster aufgeteilt. Oftmals entspricht die Größe der Datei aber nicht der Größe eines oder mehrerer

---

[4] URL http://linux.die.net/man/8/mount

Grundlagen der forensischen Analyse

Cluster. Der nicht beschriebene Bereich des letzten Clusters wird File Slack genannt. Die letzten nicht beschriebenen Sektoren dieses Clusters werden als Drive Slack bezeichnet. Angenommen ein Cluster besteht aus 8 Sektoren und die Datei beschreibt die ersten vier und die Hälfte des fünften Sektors, so werden die Sektoren sechs bis acht als Drive Slack bezeichnet, die unbeschriebene Hälfte des fünften Sektors RAM Slack und beide zusammen File Slack. Die nachfolgende Abbildung verdeutlicht noch einmal diese Aufteilung.

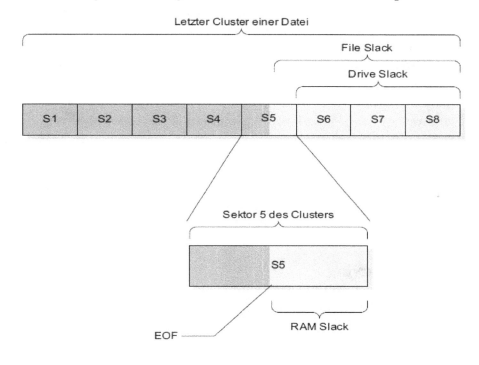

Abbildung 1 File-Slack[5]

Je nach Betriebssystem und Formatierung sind diese Cluster unterschiedlich groß. Die Größe eines Clusters kann zwischen einem und 128 beinhaltenden Sektoren variieren. Das hat zur Folge, dass der File-Slack bei sehr großen Clustern wesentlich größer ist, als bei Clustern mit wenigen Sektoren. Für den Anwender bedeuten somit große Cluster meist nur Speicherplatzverschwendung. Allerdings sind File-Slacks für die forensische Analyse von großer Wichtigkeit. Oftmals enthalten diese ungenutzten Speicherbereiche Informationen, die für die Analyse von hohem Nutzen sind. Häufig sind die enthaltenen Informationen

---

[5] [Geschonneck 2011, S. 109]

Daten, die aus Fragmenten des Hauptspeichers bestehen. Das liegt daran, dass DOS- und manche ältere Windows-Systeme die restlichen Sektoren mit zufälligen Daten aus dem Arbeitsspeicher des Betriebssystems füllen, falls die Nutzdaten alleine nicht das gesamte Cluster befüllen können. Aus diesem Grund werden diese zufällig ausgewählten Daten auch RAM-Slack genannt, da sie direkt aus dem RAM (Arbeitsspeicher) hervorgehen.

In diesem Bereich können also Informationen und Daten gefunden werden, welche während einer Arbeitssitzung genutzt wurden. Dies können zum Beispiel besuchte Webseiten oder Teile von bearbeiteten Dokumenten sein. In seltenen Fällen sind auch persönliche Daten wie Passwörter enthalten, welche sonst nur während der Bearbeitung im RAM im unverschlüsselten Zustand vorliegen.

Die letzten Sektoren eines Clusters, welche weder Nutzdaten, noch Daten des RAM-Slacks enthalten, werden Drive-Slack genannt. Dieser sogenannte Drive-Slack beinhaltet wiederrum Fragmente gelöschter Dateien, die sich vorher an dieser Speicherstelle befunden haben. Beide Slacks zusammen werden als File-Slack bezeichnet. Er wird automatisch bei der Speicherung einer Datei erzeugt.

Oftmals spielt der File-Slack für die forensische Analyse eine sehr wichtige Rolle, denn er kann mehrere Gigabyte groß sein und somit viele wichtige Informationen über gelöschte Dateien, genutzte Programme o.ä. enthalten [vgl. Geschonneck 2011, S. 105-113].

2.6 File-Carving

2.6.1 Einführung in Carving

File-Carving bedeutet, Daten eines Datenträgers zu entnehmen, ohne dass dabei Metainformationen über das Dateisystem bekannt sein müssen. Metadaten enthalten beispielsweise Informationen wie Dateigröße, Dateityp oder den Speicherort, die eindeutig einer Datei zugewiesen werden können. Manchmal kann es allerdings vorkommen, dass Dateien nicht mehr vollständig existieren, z.B. wenn sie durch andere Dateien überschrieben wurden oder dass sie sich an Orten befinden, zu denen ein Benutzer keinen direkten Zugriff hat.

Diese Orte können beispielsweise sein:
- Speicherstellen ohne Zuweisung (nicht allokierte Gebiete)
- Als von Metainformationen defekt markierte Cluster
- Host Protected Area (HPA)

    Die Host Protected Area, auch Hidden Protected Area oder ATA-geschützter Bereich genannt, stellt einen reservierten Bereich dar. Hier sollen Daten außerhalb des Dateisystems gespeichert werden. Sie dient dazu, Informationen, wie etwa

HDD Utilities, Diagnose-Tools oder Systemwiederherstellungsdaten zu speichern, die nicht durch Benutzer, BIOS oder Betriebssystem geändert bzw. eingesehen werden sollen.

- Device Configuration Overlay (DCO)
  Mit der DCO können Systemanbieter Festplatten, die möglicherweise von verschiedenen Herstellern stammen und unterschiedliche Größen besitzen, auf eine feste Größe konfigurieren. So z.B. kann eine 80 GB HDD im BIOS als 60 GB HDD erscheinen. Daraus folgt, dass Teile der Festplatte für den User unsichtbar sind.
- File Slack (siehe Kapitel 2.5).

Beim Carving werden zunächst die Rohdaten eines Dateisystems bzw. das Abbild (Image) herausgefiltert. Diese Daten werden dann je nach Datentyp durch unterschiedliche Carving-Methoden verarbeitet. Hierzu müssen die wiederherzustellenden Daten drei Schritte durchlaufen:

1) **Datenerkennung**
   Zuerst werden die Rohdaten durch die jeweilige Carving-Methode durchsucht. Sobald ein zugehöriges Dateifragment erkannt worden ist, wird dieses in einer extra Datei abgespeichert.

2) **Validierung**
   Um sicherzustellen, dass es sich nach der Datenerkennung auch um eine vollständige und gültige Datei handelt, muss ein Validierer die erkannte Datei auf bestimmte Eigenschaften prüfen. Hier kann zum Beispiel ein Dekoder als Validierer fungieren, da angenommen werden kann, dass die Datei gültig ist, wenn der Dekoder alle Cluster in einer Sequenz korrekt ermittelt hat.

3) **Menschliche Überprüfung**
   Im letzten Schritt werden sogenannte False-Positives herausgefiltert. Das sind Dateien, die trotz der Validierung nicht verwertbar sind und im Nachhinein bearbeitet werden müssen.

Oftmals können auf diese Art und Weise auch gelöschte Daten wiederhergestellt werden, denn häufig werden Dateien nicht aus dem Dateisystem gelöscht, sondern nur vom Betriebssystem als gelöscht markiert.

Allerdings stellen die vielen, unterschiedlichen Datenformate ein Problem für File-Carving Methoden dar. Der Carving-Algorithmus muss hierbei Kenntnis über das Datenformat bei der Validierung haben, um die Daten als gültig einstufen zu können. Hierbei kann es oft zu False-Positives kommen, welche nur durch einen Experten herausgefiltert werden können.

Aber nicht nur das Datenformat ist häufig ein Problem, sondern auch die Fragmentierung von Dateien. Dazu kann es kommen, wenn beispielsweise Teile einer Datei gelöscht wurden und der Speicherplatz zwischen den beiden Fragmenten zu klein für die nächste Datei ist. Somit wird die Datei fragmentiert, also „aufgeteilt". Je weniger verfügbarer Speicherplatz auf einer Festplatte vorhanden ist, desto häufiger werden solche Speicherlücken gefüllt, d.h. mehr Dateien werden fragmentiert. Aber auch bei der Vergrößerung einer Datei kann eine Fragmentierung notwendig sein. Wenn sie durch ihre Vergrößerung zusätzlichen Speicher allokieren muss, kann es passieren, dass die nachfolgenden Speicherbereiche schon benutzt werden. Die Datei muss also bei der Speicherung fragmentiert werden. Solche Fragmente sind allerdings problematisch für Carving-Methoden, da sie erst alle Teile einer Datei finden müssen, um diese vollständig wiederherstellen zu können [vgl. Fraunhofer 2010].

2.6.2 Carving-Methoden

Es gibt verschiedene Ansätze, wie ein solcher Carver arbeitet. Im nachfolgenden werden einige dieser Möglichkeiten beschrieben.

2.6.2.1 File Structure Based Carver

Diese Methode sucht nach dem Beginn einer Datei, also dem Header, welcher einen Hex-Wert zur Identifikation des Datentyps enthält. Dabei gibt es mehrere Techniken, die im Folgenden kurz beschrieben werden.

a) *Header/Footer Carving*

   Hier werden der Header, also der Beginn und der Footer, also das Ende einer Datei gesucht und die Daten mit deren Hilfe rekonstruiert.

b) *Header/Embedded Length Carving*

   Diese Technik untersucht den Header der Datei und deren Länge, welche im Header angegeben ist.

c) *Header/Maximum (File) Size Carving*

   Das Header/Maximum Size Carving übergibt alle Daten, nach einem gefundenen Header, an einen Validierer.

d) Block Based Carving

Hierbei werden nur die ersten Bytes eines Clusters bzw. eines Sektors auf bekannte Headersequenzen durchsucht.

e) Character Based Carving

Bei dieser Methode werden Sektoren Zeichen für Zeichen untersucht, um zu ermitteln, ob der Sektor zu einer Datei gehört.

f) Fast Object Validation/Carving

Bei diesem Verfahren wird versucht, vor der Analyse schon so viele Bytes wie möglich auszuschließen. Wenn zum Beispiel sichergestellt ist, dass sich die Header der einzelnen Dateien immer am Anfang der Sektoren befinden, werden erst einmal nur diese Bytes untersucht und es kann der Großteil der restlichen Daten vorerst ignoriert werden. Erst wenn ein passender Header gefunden wurde, werden die restlichen Daten zur Untersuchung an einen Validierer weiter gegeben.

Bei den oben genannten Methoden ergeben sich jedoch einige Nachteile. Zum einen können nur nicht- fragmentierte Daten rekonstruiert werden, also nur Daten, welche noch zusammenhängend auf dem Dateisystem vorliegen. Außerdem können wiederhergestellte Daten Fragmente anderer Daten enthalten, was dazu führen kann, dass die rekonstruierten Dateien verfälscht oder fehlerhaft sind.

Zum anderen wird keine vollständige Validierung vorgenommen, was dazu führt, dass es zu vielen sog. False-Positive-Ergebnissen kommen kann, also Ergebnisse geliefert werden, welche als richtig erkannt wurden, es aber nicht sind [vgl. Fraunhofer 2010, S. 4-5].

2.6.2.2 Fragment Recovery Carving

Im Gegensatz zum eben erläuterten File Structure Based Carving ist es mit der Fragment Recovery oder auch Split Carving genannten Methode möglich, zumindest leicht fragmentierte Daten zu rekonstruieren. Dies funktioniert aber nur, wenn diese in nicht mehr als zwei Fragmente aufgeteilt wurden.

Auch bei dieser Methode gibt es unterschiedliche Ansätze. Zwei dieser Ansätze werden im Folgenden erläutert.

a) Bitfragment Gap Carving

Bei dem sog. Bitfragment Gap Carving wird zuerst der Anfang und das Ende einer Datei, durch die Ermittlung des passenden Header bzw. Footer, bestimmt. Der gefundene Anfang s1 und das gefundene Ende e2 besitzen jeweils eine bestimmte Größe (s1 bis e1 bzw. s2 bis e2), welche noch unbekannt sind und zwischen ihnen besteht eine Lücke (gap), die aus Fragmenten anderer Dateien besteht und auch eine unbekannte Größe besitzt (e1 bis s2).

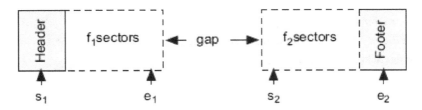

Abbildung 2 Bitfragment Gap Carving[6]

Nun werden so lange die Größen der drei verschiedenen Teile (Anfang, Lücke und Ende) verändert, bis die Kombination von Anfang und Ende zu einer validen Datei führt.

Je größer der Abstand zwischen den beiden Teilen der Datei ist, desto mehr Kombinationen müssen ausprobiert werden. Mit wachsendem Abstand führt dies somit zu einem immer größer werdenden Rechenaufwand und außerdem kommt es immer häufiger zu False-Positive- Ergebnissen, welche eine zusätzliche manuelle Überprüfung erforderlich machen.

Voraussetzung für einen erfolgreichen Einsatz dieser Methode ist also, dass die Datei nur in zwei Teile zerlegt wurde, diese nicht zu weit voneinander entfernt sind und die gesuchte Datei anhand ihres Aufbaus automatisch validiert werden kann.

b) Bitfragment Carving with constant size and known offset

Mit der oben genannten Methode können nur Daten rekonstruiert werden, welche einen bekannten Footer und Header haben. Zum Beispiel bei Excel- oder Word-Dateien ist dies nicht der Fall, da diese keinen sichtbaren Footer besitzen. Dies gilt auch für alle anderen Microsoft OLE Dokumente.

Um solche Dateien dennoch rekonstruieren zu können, muss das Ende der Datei durch einen anderen Ansatz ermittelt werden. Jedes Microsoft OLE Dokument besitzt einen sog. Compound Document Header (CDH) und eine Master Sector Allocation Table (MSAT), durch welche zusätzliche Informationen über die Position der Fragmente gewonnen werden kann. Zum einen ist bekannt, dass die MSAT sich meist in der Nähe des Endes und sich die CDH am Anfang einer Datei befindet. Ist die Speicheradresse

---

[6] [Fraunhofer 2010, S. 6]

des CDH bekannt, kann in dieser ausgelesen werden an welcher Stelle sich die MSAT befindet.

Vorausgesetzt die Datei besteht nur aus zwei Fragmenten, kann nun versucht werden diese mit der Methode des, im letzten Kapitel beschriebenen, Bitfragment Gap Carvings zu rekonstruieren [vgl. Fraunhofer 2010, S. 5-6].

2.6.2.3 Graph Theoretic Carving

Beim Graph Theoretic Carving, welches auch fragmentierte Daten rekonstruieren kann, wird versucht, Cluster anhand bestimmter Wahrscheinlichkeiten wieder zu einer Datei zu verbinden. Hierfür wird jedes Cluster mit allen anderen, zur Verfügung stehenden Clustern verglichen und berechnet, wie wahrscheinlich es ist, dass diese zusammen gehören. Zur Berechnung dieser Wahrscheinlichkeiten gibt es unter anderem die Möglichkeit des Prediction by Partial Matching (PPM).

Bei dieser Methode wird die Wahrscheinlichkeit bzw. Gewichtung durch Vergleichen des Endes eines Clusters mit dem Anfang eines anderen ermittelt. Hierfür wird ein Schiebefenster genutzt, welches die beiden Kanten der Cluster überlappt (siehe Abbildung 3). Im ersten Schritt befindet sich das Schiebefenster fast vollständig im ersten Cluster, nur ein Zeichen des zweiten Clusters wird von ihm mit eingeschlossen. Nun wird berechnet, wie wahrscheinlich es ist, dass die, sich im Schiebefenster befindende Zeichenkombination richtig ist. Im Anschluss daran wird das Schiebefenster um eine Position weiter in das zweite Cluster geschoben und erneut die Wahrscheinlichkeit berechnet. Diese Schritte wiederholen sich so lange, bis kein Zeichen des ersten Clusters mehr innerhalb des Fensters ist. Zum Schluss werden alle berechneten Wahrscheinlichkeiten miteinander multipliziert, um eine Gesamtwahrscheinlichkeit für die Zusammengehörigkeit der beiden Cluster zu erhalten.

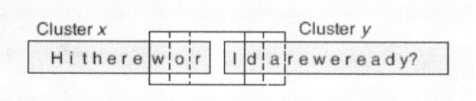

Abbildung 3 Prediction by Partial Matching[7]

---

[7] [Evolution 2009, S. 65]

Grundlagen der forensischen Analyse

Diese oder eine vergleichbare Methode wird für alle zu untersuchenden Cluster durchgeführt, solange, bis die Wahrscheinlichkeiten für alle Clusterkombinationen berechnet sind. Aus diesen Wahrscheinlichkeiten wird nun eine Adjazenz- bzw. Nachbarschaftsmatrix gebildet. Diese Matrix dient als Grundlage für verschiedene Lösungsansätze aus der Graphentheorie, mit deren Hilfe die ursprüngliche Anordnung der Cluster ermittelt werden kann. Einige dieser Ansätze werden im Folgenden kurz erläutert.

a) **Das Hamilton Path Problem**

Der sogenannte Hamilton Pfad ist mathematisches Problem, bei dem jeder Knoten eines Graphen genau einmal durchlaufen wird. In diesem Fall wären die Knoten die einzelnen Cluster, welche mit den berechneten Wahrscheinlichkeiten miteinander verbunden sind. Wird nun, beginnend von einem bekannten Cluster der zu rekonstruierenden Datei Schritt für Schritt immer zu dem nächsten Cluster gegangen, bei dem die Wahrscheinlichkeit am höchsten ist, dass diese benachbart sind, ist die Chance die Datei wieder zusammen zu setzen relativ hoch.

b) **K-Vertex Disjoint Path Problem**

Im Gegensatz zum Hamilton Pfad Problem wird bei diesem Lösungsansatz nicht bei einem Cluster, sondern bei mehreren Clustern gleichzeitig gestartet. Hierfür werden meist Cluster genommen, welche eindeutig einer Datei zuzuordnen sind, wie zum Beispiel verschiedene Header. Wird nun dem ersten Cluster sein Nachbar mit der höchsten Wahrscheinlichkeit zugeordnet, wird dieser aus der Summe der zur Verfügung stehenden Cluster entfernt. Im nächsten Schritt erfolgt dasselbe für das zweite bekannte Cluster usw. bis jedem bekannten Cluster jeweils ein Nachbar zugeordnet wurde. Anschließend wird obige Methodik für die gefundenen Nachbarn und deren Nachbarn durchlaufen, solange bis alle Cluster zugeordnet wurden. Probleme bei dieser Methode können dadurch entstehen, wenn ein Cluster nicht richtig zugewiesen wurde und somit auch nicht mehr für die richtige Datei zur Verfügung steht. Fehler können sich hierdurch aufsummieren [vgl. Fraunhofer 2010, S. 6-8].

2.6.2.4 Smart Carver

Das sogenannte Smart Carving verbindet mehrere Methoden, wie zum Beispiel das in den letzten Kapiteln erläuterte Graph Theoretic Carving und das File Structure Based Carving. Genau wie das Graph Theoretic Carving, können Smart Carver auch fragmentierte Daten rekonstruieren [vgl. Fraunhofer 2010, S. 8-9].

Diese Art der Carver lässt sich in drei Bestandteile aufteilen, welche im Folgenden erklärt werden.

Grundlagen der forensischen Analyse

a) Preprocessing

Bevor das eigentliche Carving durchgeführt werden kann, muss im Preprocessing der Datenträger vorbereitet werden. Dazu gehört unter anderem die Entschlüsselung aller verschlüsselten Daten auf dem Speichermedium, sowie das Entpacken der gesamten komprimierten Daten, falls solche vorhanden sind.

In diesem Schritt können auch alle Daten, welche für eine Untersuchung nicht relevant sind entfernt werden. Dies verringert den Aufwand und somit auch die benötigte Zeit zur Durchführung einer Analyse.

b) Collating

Zur Verringerung der Anzahl der möglichen Cluster, welche zur Rekonstruierung einer Datei untersucht werden müssen, wird beim sogenannten Collating versucht, allen Clustern einen oder mehrere Dateitypen zuzuweisen. Hierdurch können bei einer Untersuchung alle Cluster ignoriert werden, die nicht dem gesuchten Dateityp entsprechen. Es existieren verschiedene Methoden, eine solche Dateitypzuordnung durchzuführen:

- *Keyword/Pattern Matching*

  Hierbei wird nach bekannten Schlüsselwörtern oder Sequenzen gesucht, welche auf einen bestimmten Datentyp schließen lassen. Diese Methode erfordert weitere Überprüfungen.

- *ASCII Character Häufigkeit*

  Befindet sich in einem Cluster eine hohe Anzahl von ASCII Zeichen, können Multimediaformate meistens ausgeschlossen werden. Da dies aber nicht immer der Fall ist, müssen auch hier weitere Überprüfungen folgen.

- *Entropy*

  Hinweise auf den Datentyp können auch durch die enthaltene Informationsdichte einzelner Cluster gewonnen werden. Diese Methode beschränkt bloß die Anzahl der möglichen Datentypen, gibt aber keine Aufschlüsse über das genaue Datenformat. Hierfür sind weitere Überprüfungen erforderlich.

Grundlagen der forensischen Analyse

- *File Fingerprints*

  Bei dieser Methode wird nach Fingerprints, also einzigartigen Merkmalen einzelner Datentypen gesucht. Die meisten Datentypen können anhand der Häufigkeitsverteilung bestimmter Bytes oder den Beziehungen einzelner Bytes untereinander ermittelt werden.

- *Rate of Change (RoC)*

  Vor allem bei Bildern kommt es vor, dass benachbarte Bytes nur gering voneinander abweichen. Durch eine Analyse dieser Abweichungen können zum Beispiel JPEG sehr sicher erkannt werden.

c) **Reassembly**

Im letzten Schritt des Smart Carvings müssen die einzelnen Cluster wieder zu Dateien zusammengesetzt werden. Hierfür wird zunächst der Dateityp des ersten Clusters betrachtet. Besitzt das nachfolgende Cluster denselben Dateityp, gehört dieses Cluster mit sehr hoher Wahrscheinlichkeit zu der gesuchten Datei. Entspricht das Datenformat eines der folgenden Clustern nicht dem des ersten Clusters, wird dieses übersprungen und nach dem nächsten gültigen Cluster gesucht.

3. Aufbau und Funktionsweise von Flash-Speicher

3.1 Aufbau

Flash-Speicher wurden auf der Grundlage eines EEPROM (Electrically Erasable Programmable Read-Only Memory) entwickelt. Hierbei war es wichtig, dass diese neue Art von Speichern einen schnellen Lese- und Schreibzugriff besitzen und dabei aber nichtflüchtig sind, also ihre Daten dauerhaft behalten. Eines der grundlegenden Elemente der Speicherzellen ist der sogenannte Feldeffekttransistor (FET). Allerdings genügt hier ein einfacher FET nicht, da die Daten als elektrische Ladung gespeichert werden müssen, dies aber mit dem einfachen FET nicht möglich ist. Deshalb wird dem FET eine Oxidschicht hinzugefügt, in welcher sich das Floating Gate befindet. Dieses ist in der Lage, elektrische Ladung zu halten und somit die Informationen dauerhaft zu speichern. Bei jedem schreibenden Zugriff gelangen Elektronen durch die Oxidschicht und schädigen diese hierbei, weshalb die Lebensdauer der Zellen begrenzt ist [vgl. Seifart 1998, S. 286-289; Schefer 2011, S. 12].

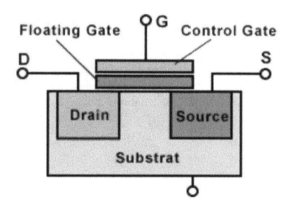

Abbildung 4 Flash Speicherzelle[8]

Ein Flash-Speicherbaustein besteht aus vielen Speicherzellen, die mit einer logischen NAND- oder NOR-Struktur miteinander verbunden sind. Solid State Drives (SSD), USB-Sticks oder Speicherkarten besitzen mehrerer solcher Flash-Speicherbausteine. Im Gegensatz

---

[8] URL http://www.elektronik-kompendium.de/sites/com/0312261.htm

17

Aufbau und Funktionsweise von Flash-Speicher

zur NOR-Struktur werden bei der NAND-Bauweise acht Zellen zu einem Block zusammengeschlossen. Da jede, hier beschriebene Zelle nur ein Bit speichern kann, ergibt sich hieraus eine Speicherkapazität von einem Byte pro Block. Es kann immer nur ein ganzer Block angesprochen werden [Schefer 2011, S. 11].

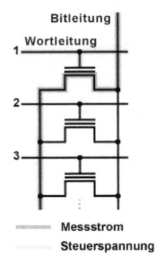

Abbildung 5 NAND-Bauweise[9]

Bei der NOR-Bauweise hingegen kann jede Zelle einzeln adressiert werden, jedoch wird hierfür eine größere Fläche für die Schaltung benötigt. Hier werden die einzelnen Zellen parallel zueinander geschalten und beanspruchen nur recht kurze Zugriffszeiten.

---

[9] URL http://www.elektronik-kompendium.de/sites/com/0312261.htm

Aufbau und Funktionsweise von Flash-Speicher

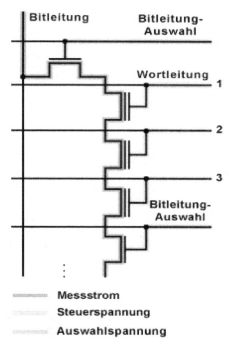

Abbildung 6 NOR-Bauweise[10]

---

[10] URL http://www.elektronik-kompendium.de/sites/com/0312261.htm

3.2 Vor- und Nachteile von Flash-Speichern

Einer der Vorteile eines Flash-Speichers ist die Geschwindigkeit. Mit einem Schreibzugriff von ca. 2,5µs – 5µs ist er wesentlich schneller als der EEPROM mit 2 – 10ms [vgl. Siemers 2007, S. 333 + 337], der die Grundlage von Flash-Speichern bildet. Zudem haben diese speziellen Speicher einen sehr geringen Energieverbrauch und entwickeln zudem durch die niedrige Versorgungsspannung nur wenig Wärme. Flash-Speicher sind zudem kompakt, d.h. sie eignen sich sehr gut für den Einsatz in kleinen, mobilen Speichermedien wie USB-Sticks oder in Smartphones. Obendrein sind sie sehr robust, da sie im Gegensatz zu Magnetspeichern bei Erschütterungen nicht kaputt gehen. Flash-Speicher sind außerdem leise, da sie, anders als HDDs, keine störenden Geräusche durch mechanische Komponenten erzeugen.

Allerdings bergen Flash-Speicher auch einige Nachteile. Sie haben zum Beispiel nur eine begrenzte Lebensdauer (siehe Kapitel 3.1), was vor allem an der Abnutzung der Speicherzellen liegt. Im Gegensatz zu normalen Magnetspeichern, mit ca. 3 Cent pro GB ist der Preis für einen Gigabyte Flash-Speicher mit ca. 38 Cent fast 13-mal so hoch [vgl. Computerbase]. Im Vergleich zum Random Access Memory (RAM) sind Flash-Speicher zudem noch relativ langsam und erreichen zum heutigen Stand der Technik nicht so hohe Speicherkapazitäten wie normale Festplatten.

Dennoch werden häufig Flash-Speicher verbaut, da die Vorteile für vor allem kleine Geräte, wie Handys, Kameras oder USB-Sticks überwiegen [vgl. Schnabel SSD; Seifart 1998, S.286-289].

3.3 Lesen

Um den Inhalt einer Flash-Speicherzelle zu lesen, werden zunächst ca. 5V am Control Gate und 1V am Drain angelegt. Falls das Floating Gate geladen ist, befindet sich keine Spannung am NPN-Kanal, da durch das Entgegenwirken der Elektronen ein Stromfluss verhindert wird. Dies wird als eine logische 1 gedeutet. Ist das Floating Gate nicht geladen, entsteht am NPN-Kanal eine Spannung von 1V, was als logische 0 interpretiert wird. Daraus resultiert ein großer Vorteil gegenüber herkömmlicher Magnetspeicher: Das Lesen erfordert nur eine sehr geringe Zugriffszeit von ca. 0,1-0,2ms, da im Gegensatz zu magnetischen Speichern, mit Zugriffszeiten von 8-10ms, keine Lese- und Schreibköpfe bewegt, sondern lediglich elektrische Ladung gemessen wird [vgl. Schefer 2011, S. 13; ITWissen].

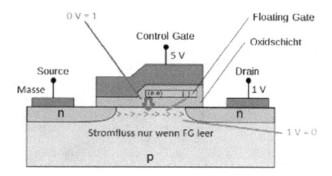

Abbildung 7 Lesen Flash-Speicherzelle[11]

3.4 Löschen

Während beim Lesen 5V am Control Gate anliegen, liegt beim Löschen keine Spannung an. Der Drain-Anschluss besitzt allerdings eine zwölfmal höhere Spannung als beim Lesen. Dadurch kommt es zu einem Stromfluss von Source nach Drain. Das Floating Gate wird anschließend auf Grund des entstandenen Potentialunterschiedes entladen. Somit ist die in der Zelle enthaltene Information dauerhaft gelöscht. Nur wenn der Inhalt einer Zelle gelöscht wurde, kann diese im Anschluss daran wieder beschrieben werden [vgl. Schefer 2011, S. 13].

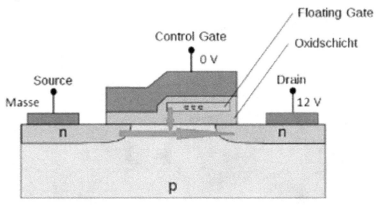

Abbildung 8 Löschen Flash-Speicherzelle[12]

---

[12] [Schefer 2011, S. 13]

3.5 Schreiben

Beim Schreiben soll der Flash-Baustein geladen werden. Hierbei liegen am Control Gate mit 12V und am Drain mit 6V im Vergleich zum Lesen relativ hohe Spannungen an. Da am Source 0V anliegen und somit ein Spannungsunterschied zwischen Source und Drain herrscht, entsteht ein Elektronenfluss. Da außerdem das Control Gate unter Spannung steht, werden einzelne Elektronen abgelenkt und durchdringen die Oxidschicht. Hierdurch wird das Floating Gate wieder aufgeladen bzw. beschrieben. Ist eine Speicherzelle einmal geladen, bleibt diese Ladung über mehrere Jahre erhalten und geht erst nach einem sehr langen Zeitraum verloren [vgl. Schefer 2011, S. 12].

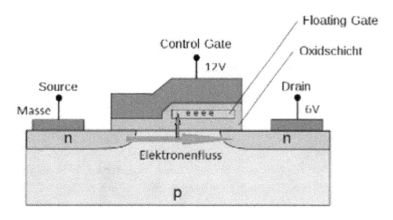

Abbildung 9 Schreiben Flash-Speicherzelle[13]

---

[13] [Schefer 2011, S. 12]

3.6 Arten von Flash-Speicherzellen

3.6.1 SLC-Flash

Single Level Zellen können nur genau ein Bit in jeder Zelle speichern. Es sind bei dieser Art von Speicherzellen ca. 100.000 Schreibvorgänge möglich. Diese Art von Zelle ist wesentlich teurer, als die im nachfolgenden Abschnitt beschriebenen MLCs. [vgl. Siemers 2007, S. 336; Schnabel Flash].

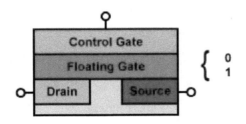

Abbildung 10 Single Level Cell[14]

3.6.2 MLC-Flash

MLCs (Multi Level Cell) können zwei Bit aufnehmen und werden meistens in USB-Sticks und Speicherkarten verbaut. Es kann vorkommen, dass sie mit SLCs kombiniert werden, aber häufig werden sie in der Massenproduktion ohne SLCs eingesetzt. Im Gegensatz zu den Single Level Zellen können sie nämlich doppelt so viele Informationen bei gleichem Materialverbrauch aufnehmen, lassen sich allerdings nicht so schnell beschreiben wie SLCs.

Je häufiger Daten auf eine solche Multi Level Zelle gespeichert wurden, desto größer ist die Wahrscheinlichkeit, dass es zu Lesefehlern kommt. Deshalb sind hier Fehlerkorrekturverfahren notwendig, um die Häufigkeit solcher Lesefehler zu reduzieren. Allerdings verlangsamt das natürlich die Lesezugriffszeit. Im Gegensatz zu den SLC-Flashs haben MLC-Flashs nur eine sehr geringe Lebensdauer. Häufig beschränkt sich diese ca. 10000 Zugriffe [vgl. M2SSD]. Durch Reservespeicherzellen (siehe Kapitel 6.5) und Wear-Leveling (siehe Kapitel 6.3) können MLC-Flashs zwar länger verwendet werden, allerdings erhöht dies die Kosten für ein solches Speichermedium [vgl. Siemers 2007, S. 336; Schnabel Flash].

---

[14] URL http://www.elektronik-kompendium.de/sites/com/0312261.htm

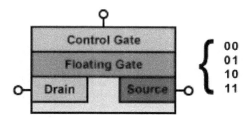

Abbildung 11 Multi Level Cell[15]

3.6.3 TLC-Flash

Triple Level Zellen können schon 3 Bit speichern und sind wesentlich teurer und aufwendiger als MLCs, da sie einen viel höheren Aufwand betreiben müssen, um ihre Ladung zu halten und deshalb auch eine hohe Qualität aufweisen sollten. Allerdings haben TLC-Flashs die geringste Lebensdauer und können gerade einmal bis zu 1.000 Schreibvorgänge durchführen. Oftmals werden auch diese Speicherzellen in USB-Sticks o.ä. eingesetzt, da die Lebensdauer hierbei noch annehmbar ist. Für Speicher, die über einen langen Zeitraum große Mengen an Daten schreiben müssen, ist diese Art von Zellen allerdings unbrauchbar [vgl. Schnabel Flash].

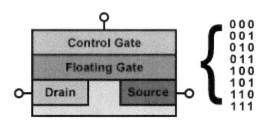

Abbildung 12 Triple Level Cell[16]

---

[15] URL http://www.elektronik-kompendium.de/sites/com/0312261.htm
[16] URL http://www.elektronik-kompendium.de/sites/com/0312261.htm

4. Arten von Flash-Speichern

4.1 USB-Stick

Im Gegensatz zu CDs/DVDs oder Disketten haben USB-Sticks den Vorteil, relativ große Datenmengen zu speichern und vor allem auch wieder zu löschen. Während CDs o.ä. hingegen nach einmaligem Beschreiben ihre Daten fest speichern, können USB-Sticks viele Male beschrieben werden. DVD-RW sind zwar wiederbeschreibbar aber kommen mit ihren 4,7 GB Speicherkapazität nicht an die möglichen Größen von USB-Sticks heran.

USBs bestehen aus drei wesentlichen Teilen: der USB-A-Stecker für den Anschluss an den Computer, dem USB-Controllerchip und dem Flash-Speicherchip [vgl. Schnabel USB].

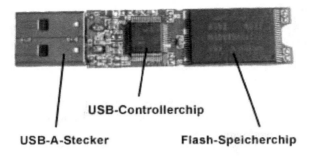

USB-Controllerchip

USB-A-Stecker   **Flash-Speicherchip**

Abbildung 13 USB[17]

---

[17] URL http://www.elektronik-kompendium.de/sites/com/1012051.htm

4.2 Speicherkarte

Meistens werden Speicherkarten für kleine, mobile Geräte wie Handys oder Kameras verwendet. Sie können je nach Größe mehrere tausend Bilder, Musik oder andere Formate speichern und sind durch ihre schnellen Zugriffszeiten sehr beliebt. Allerdings finden sie nicht nur in mobilen Geräten Verwendung, sondern können auch fest in Computern verbaut werden. Es gibt viele verschiedene Arten von Speicherkarten, allerdings ist deren Erklärung nicht Teil dieser Arbeit [vgl. Schnabel SDCard].

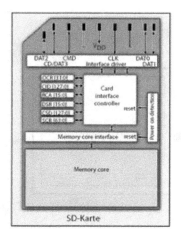

Abbildung 14 Speicherkarte[18]

---

[18] URL http://img4.colorfoto.de/Grafik-Aufbau-SD-Karte-f630x378-ffffff-C-39707f6f-19400677.jpg

4.3 SSD

Solid State Drives können wie normale HDDs angesprochen werden, jedoch bestehen sie nicht aus Magnetspeichern, sondern aus Flash-Bausteinen. Sie haben im Gegensatz zu normalen Festplatten eine wesentlich höhere Lese- und Schreibgeschwindigkeit und verbrauchen weniger Energie.

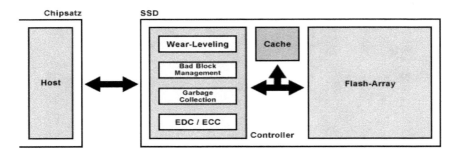

Abbildung 15 SSD[19]

Teure SSDs bestehen meist aus Single Level Zellen (siehe Kapitel 3.6.1), was von hoher Qualität zeugt und wodurch sie die längste Lebensdauer besitzen. Bei billigen Solid State Drives werden häufig MLC (Multi Level Cells, siehe Kapitel 3.6.2) verwendet. Jedoch können diese Festplatten wesentlich weniger Schreibvorgänge durchführen und gehen somit schneller kaputt. [vgl. Schnabel SSD].

4.4 SSHD

Solid State Hybrid Drives (SSHD) sind im Grunde genommen normale magnetische Festplatten, allerdings besitzen diese Platten des Weiteren noch einen zusätzlichen Flash-Speicher. Sie werden auch Hybrid-Festplatten genannt und sollen im Vergleich zu Magnetspeichern ohne SSD die Lese- und Schreibzugriffszeiten verkürzen.

---

[19] URL http://www.elektronik-kompendium.de/sites/com/1105091.htm

Arten von Flash-Speichern

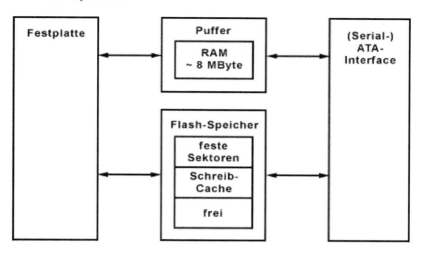

Abbildung 16 SSHD[20]

Daten sollen dabei nicht sofort auf die Festplatte geschrieben werden, sondern erst auf dem Flash-Speicher „zwischengespeichert" werden. Sobald die SSD voll beschrieben ist, werden die Dateien auf die Hybrid-Platte überschrieben. Dies spart vor allem enorm viel Zeit und wirkt sich positiv auf die Geschwindigkeit der SSHD aus. Die Größe der SSD spielt hierbei eine wichtige Rolle, denn dieser Vorgang funktioniert umso besser, je größer der Flash-Speicher ist. Ist die SSD nur sehr klein (beispielsweise 8 GB), können dementsprechend relativ wenige Vorgänge beschleunigt werden. Daher werden dann nur Anwendungen, die regelmäßig zum Einsatz kommen, bezüglich der Geschwindigkeit verbessert.

Ein weiterer Vorteil dieser Festplatten ist der geringe Energieverbrauch, da die Lese- und Schreibköpfe des Magnetspeichers nicht so oft angetrieben werden müssen.

Mit Hilfe eines sogenannten Hybrid Information Protocol wird die Benutzung des Flash-Speichers vom Betriebssystem verwaltet. Das heißt, dass das Betriebssystem entscheidet, welche Daten in den Flash-Speicher geschrieben werden, und welche nicht [vgl. Schnabel SSHD].

---

[20] URL http://www.elektronik-kompendium.de/sites/com/1207051.htm

5. Dateisysteme

Im Folgenden werden einige der am häufigsten genutzten Dateisysteme erläutert.

5.1 FAT

FAT („File Allocation Table") ist ein Dateisystem, das von Microsoft entwickelt wurde und ursprünglich den Namen FAT12 trug. Drei Jahre später wurde 1983 FAT16 eingeführt, da dieses Filesystem größere Festplatten unterstützen konnte [vgl. Weisshaar 2008, S. 29 - 38]. Festplatten wurden im Laufe der Zeit immer größer und es konnten immer mehr Daten abgelegt werden, weshalb Windows mit der Einführung von Windows 95 das Dateisystem FAT32 entwickelte. Seit der Einführung des FAT32 Dateisystems unterstützt es alle Windows-Versionen und viele Unix Betriebssysteme. Auch heute noch werden FAT32-Systeme meist bei kleineren Geräten eingesetzt, allerdings können sie lediglich Dateien speichern, die kleiner als 4 GB sind.

Da bei diesem System nur relativ wenig unterschiedliche Datenstrukturen verwendet werden, handelt es sich bei FAT um ein simples Dateisystem. Die drei bestehenden Versionen, also FAT12, FAT16 und FAT32 unterscheiden sich hierbei in der Anzahl der Bits für die Adressierung, in der Größe der Cluster und somit auch darin, welche Festplattengrößen sie unterstützten [vgl. MS FAT].

Im File Allocation Table System gibt es drei physikalische Abschnitte, die Reserved Area, die FAT Area und die Data Area.

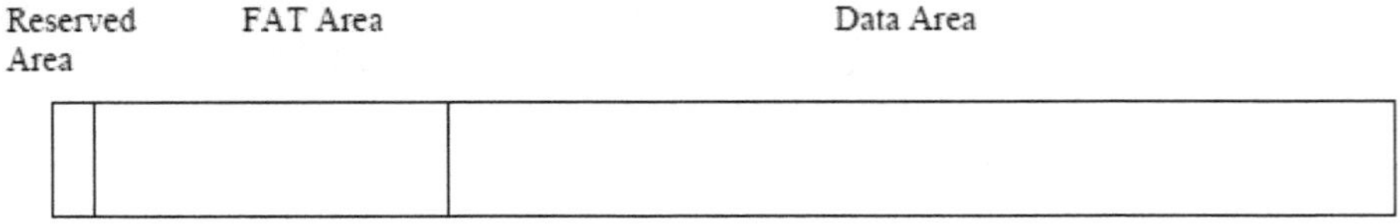

Reserved   FAT Area   Data Area
Area

Abbildung 17 FAT[21]

Die Größe der Reserved Area beträgt bei FAT12 und FAT16 immer genau einen Sektor, bei FAT32 können es allerdings mehrere Sektoren sein. In der FAT Area sind die Backup-FAT-Strukturen abgelegt und in der anschließenden Data Area sind die Cluster, die als Speicher für Dateien verwendet werden, zu finden.

Jede Datei, die in einem FAT-System gespeichert wird, erhält einen sogenannten „directory entry", also einen Eintrag in das „Inhaltsverzeichnis" des Dateisystems. Ist eine Datei zu

---

[21] [Carrier 2005, S. 213]

groß, um in einem einzigen Cluster gespeichert werden zu können, benötigt das System die gleichnamige File Allocation Table, um alle, zu der Datei gehörigen Cluster zu speichern.

Soll eine Datei aus einem FAT-Dateisystem gelöscht werden, wird das erste Byte auf den Hex-Wert 0xe5 gesetzt [Carrier 2005, S. 168]. Somit ist die Datei als gelöscht markiert. Die restlichen Cluster werden im Normalfall hierbei nicht gelöscht bzw. überschrieben. Dies hat zur Folge, dass die Datei trotzdem noch weiterhin besteht, es allerdings nicht mehr auf sie zugegriffen werden kann.

Um eine solche, als gelöscht markierte Datei in Windows wiederherzustellen, gibt es zwei Möglichkeiten. Zunächst wird aber für beide Methoden der Ordnereintrag der gelöschten Datei benötigt, denn in dieser befindet sich der Verweis auf das erste Cluster. Nun besteht die erste Möglichkeit der Wiederherstellung darin, alle als gelöscht markierten Cluster zu durchsuchen und somit alle zugehörigen Dateifragmente zu finden. Die zweite Möglichkeit ist, die Größe der Datei im Ordnereintrag auszulesen und alle Cluster, die nach dem ersten folgen, der Datei zuzuordnen, bis die Größe der ursprünglichen Datei erreicht ist. Dabei hängt es nicht davon ab, ob ein Cluster als gelöscht markiert wurde oder nicht [vgl. Carrier 2005, S. 181, 182].

5.2 NTFS

Das Dateisystem „New Technology File System" (NTFS) wurde, genau wie FAT, von Microsoft entwickelt und erschien erstmals mit der Veröffentlichung von Windows NT. Seit der Einführung von Windows XP gilt dieses Dateisystem als Standard [vgl. Weisshaar 2008, S. 39 - 66].

Je nachdem, wie es betrachtet wird, besitzt dieses Dateisystem einen entscheidenden Nachteil: Microsoft verzichtete bei der Entwicklung dieses System auf jegliche Dokumentation, was die Art der Speicherung und den physikalischen Aufbau anbelangt. Das bedeutet, dass NTFS von keinem anderen als von Windows-Systemen sicher verwendbar ist. Die Master File Table (MFT) ist eines der wichtigsten Elemente in diesem Dateisystem. Ein Eintrag in dieser Tabelle ist immer 1024 Byte groß, die Tabelle im Gesamten hat allerdings keine fixe Größe und wird vom Betriebssystem dynamisch verwaltet. Wurde ein Eintrag einmal geschrieben, wird er nie vollkommen gelöscht, allerdings kann er durch andere Daten überschrieben werden. Das hat zur Folge, dass die Master File Table höchstens größer wird, aber niemals kleiner [vgl. Carrier 2005, S. 201]

Wird ein neuer Eintrag in der MFT angelegt, erhält dieser Eintrag eine sogenannte „file number" (Dateinummer). Wie groß diese Dateinummer sein kann, hängt von der Größe der MFT ab. Sie wird wie folgt berechnet:

$$\text{Größe Dateinummer} = \text{MFT-Größe} / \text{Größe der MFT-Einträge}$$

Das Dateisystem an sich besitzt Metadaten, für die die ersten 16 Master File Table Einträge vorbelegt sind. Diese sind aber für den normalen Nutzer nicht sichtbar.

Die folgende Tabelle zeigt die ersten 11 Einträge dieser MFT, die restlichen 5 Einträge sind lediglich vorreserviert, beinhalten jedoch keine Daten.

MFT-Eintrag	Dateiname	Beschreibung
0	$MFT	Eintrag für die MFT
1	$MFTMirr	Enthält Backup Kopie der ersten MFT-Einträge
2	$LogFile	Enthält Journal mit Logging-Informationen über Metadaten-Transaktionen
3	$Volume	Enthält Informationen über Volume (Bezeichnung, Version, Identifikation des Volumes)
4	$AttrDef	Enthält Attributinformationen
5	.	Eintrag für das Root-Directory des Dateisystems
6	$Bitmap	Enthält Zuteilungsstatus aller Cluster des Dateisystems (Bsp. als gelöscht markiert)
7	$Boot	Bootsektor und Bootcode des Dateisystems
8	$BadClus	Liste aller Cluster, welche fehlerhafte Sektoren besitzen
9	$Secure	Informationen über Sicherheit und Zugriffsreche der Dateien
10	$Upcase	Enthält großgeschriebene Unicodezeichen
11	$Extend	Ordner, welcher Dateien für optionale Erweiterungen, welche nicht den reservierten MFT-Einträgen gespeichert werden, enthält

Tabelle 1 MFT Einträge[22]

---

[22] [Carrier 2005 Table 11.1, S. 202]

5.3 EXT

Das hauptsächlich unter Linux verwendete Extended File System (EXT) wurde im April 1992 eingeführt und stellte im Vergleich zu seinem Vorgänger, dem MINIX Dateisystem, eine starke Verbesserung dar. Nun konnten nicht nur 64 MB auf einem Datenträger gespeichert und verwaltet werden, sondern bis zu 2 GB und auch die Zeichenlänge für Dateinamen wurde auf 255 Zeichen erhöht. Nur ein Jahr später wurde das sogenannte EXT2 eingeführt, um Mängel in der Performance zu beheben. Mit der Einführung von EXT2 erhöhte sich das mögliche Datenvolumen eines Speichermediums auf maximal 4 TB. Dieses Dateisystem hat sich trotz der Veröffentlichung von EXT3 im Jahre 2000 bis heute etabliert.

Das EXT2 kann in drei verschiedenen Blockgrößen angelegt werden. Alle Blöcke in diesem Dateisystem besitzen die gleiche Größe, je nach Wahl 1024, 2048 oder 4096 Bytes [Bovet 2005, S. 649, 650] und werden in Block Groups zusammengefasst. Der erste Block befindet sich allerdings nicht in einer solchen Blockgruppe. Er wird zum Booten genutzt und deshalb auch als Boot Block bezeichnet. Die erste Blockgruppe wird mit einer 1 indiziert, die zweite mit einer 2, usw. Insgesamt gibt es *n* Blockgruppen. Hierbei hängt die Anzahl der verfügbaren Gruppen von zwei Faktoren ab, zum einen von der Blockgröße, zum anderen von der Größe der Partition.

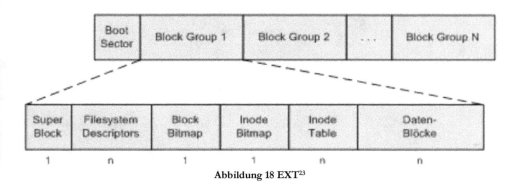

Abbildung 18 EXT[23]

Jede Block Group enthält immer den sogenannten Super Block, welcher in allen Blockgruppen stets den gleichen Inhalt besitzt. Durch diese Redundanz kann der Ausfall einzelner Block Groups kompensiert werden.

---

[23] [Schwarzbauer 2005, S. 13]

Dateisysteme

Außerdem beinhaltet eine Block Group immer die sogenannte Inode Bitmap und die Block Bitmap, welche aus Bit-Sequenzen bestehen und Informationen über die verfügbaren Inodes bzw. Blöcke dieser Gruppe enthalten. Ist ein Bit der Inode Bitmap mit dem Wert 0 belegt, wird hierdurch angezeigt, dass diese Inode noch frei ist. Bei dem Wert 1 wiederrum ist die Inode belegt. Dasselbe Prinzip gilt für die Block Bitmap, wobei hier die belegten bzw. freien Blöcke angegeben werden.

Der Super Block beinhaltet unter anderem Informationen wie die Anzahl der freien Blöcke, die Größe des Dateisystems in Blöcken, die Anzahl der Inodes und alle weiteren Informationen, die für die Verwaltung des Dateisystems wichtig sind [vgl. Bovet 2005, Kapitel 17].

Die folgende Tabelle beschreibt die verschiedenen Dateitypen, die dem EXT2 System bekannt sind.

Dateityp	Beschreibung
0	Unbekannt
1	Reguläre Datei
2	Verzeichnis
3	Character Device
4	Block Device
5	Named Pipe
6	Socket
7	Symbolischer Link

Tabelle 2 EXT2 Dateitypen[24]

---

[24] [Bovet 2005, Kapitel 17.2.4, Tabelle 17-4 Ext2 file types]

6. Speicherverwaltung bei Flash-Speichern

6.1 Pages und Blocks

Ein Zusammenschluss von mehreren Flash-Speicherzellen (siehe Kapitel 3) wird als Page bezeichnet und ist mit meist 4096 Bytes die kleinste lesbare und beschreibbare Einheit in einer SSD-Festplatte. Die nächstgrößere Einheit wird Block genannt, welcher meistens aus 128 Pages besteht und somit eine Größe von 512 KB hat. Im Gegensatz zum Lesen und Schreiben können nur ganze Blöcke gelöscht werden und keine einzelnen Pages [vgl. Chen 2010, S. 11; Fischer].

6.2 Write Amplification und Read-Modify-Write-Zyklus

Wie im letzten Kapitel beschrieben, können immer nur komplette Blöcke gelöscht, aber einzelne Pages beschrieben werden. Damit die Verwaltung des Speichers ohne Probleme abläuft, wird die sogenannte Read-Modify-Write-Methode angewandt. Bei dieser Methode werden bei Bedarf komplette Blöcke in den Cache ausgelagert, verändert und zurück geschrieben.
Dies lässt sich anhand eines Beispiels demonstrieren.

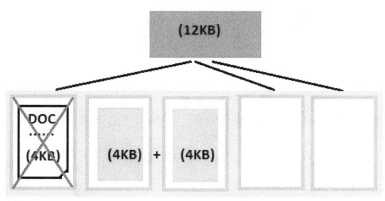

Abbildung 19 Speicherbelegung Pages[25]

Wie in der oben dargestellten Abbildung zu erkennen ist, besteht der Datenträger aus einem Block mit fünf Pages. Jede Page hat eine Größe von 4 KB. Die erste Page beinhaltet ein, als

---

[25] [vgl. ANANDTECH]

gelöscht markiertes Textdokument, die zweite und die dritte Page ein Bild mit einer Gesamtgröße von 8 KB. Nun soll eine weitere Datei mit einer Größe von 12 KB in den Datenträger geschrieben werden. Da sich aber das Textdokument noch im Speicher befindet und lediglich als gelöscht markiert ist, muss dieses zunächst vollständig gelöscht werden. Damit wird die für die Speicherung der neuen Datei benötigte Page freigegeben. Da Blöcke aber nur vollständig gelöscht werden können, kommt hier die Read-Modify-Write-Methode zum Einsatz. Wie in der folgenden Grafik dargestellt, wird der Inhalt des gesamten Blocks zunächst in den Cache geladen (1). Hier kann nun das Textdokument endgültig gelöscht (2) und die neue Datei in die frei gewordenen Pages geschrieben werden (3). Im Anschluss daran wird der komplette Block aus dem Cache zurück in den Datenträger geschrieben (4).

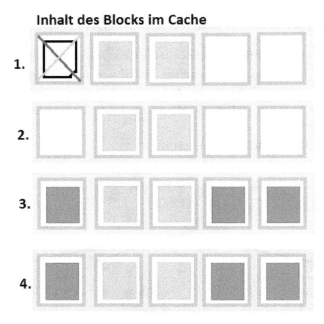

Abbildung 20 Read-Modify-Write-Zyklus[26]

Da bei diesem Vorgang teilweise viel mehr Daten verarbeitet werden müssen, wie eigentlich gespeichert werden sollen, kommt es hierdurch zu Einbußen in der Performance. Je voller ein Speichermedium ist, desto weniger freie Blöcke und Pages stehen zur Verfügung und

---

[26] [vgl. ANANDTECH]

desto häufiger kommt es zu diesem Effekt, welcher auch als Write Amplification bezeichnet wird [vgl. ANANDTECH; IBM 2009, S. 2,3].

6.3 Wear-Leveling-Algorithmus

Flash-Speicher besitzen eine endliche Lebensdauer, d.h. es kann jede Speicherzelle ca. 1.000- bis 100.000-mal beschrieben werden. Das bedeutet aber nicht, dass durch den Ausfall einer oder mehrerer Zellen das komplette Speichermedium defekt ist. Um zu vermeiden, dass manche Zellen viel häufiger beschrieben werden als andere, wurde der sogenannte Wear-Leveling-Algorithmus entwickelt. Er soll die Lebensdauer des gesamten Speichers verlängern und den Ausfall zu vieler Speicherzellen verhindern. Hierzu analysiert dieser Algorithmus die Verteilung der Schreibvorgänge über das gesamte Speichermedium und weißt anhand dieser Analyse der Datei ihre Speicherplätze zu. Dabei werden vorranging Speicherzellen beschrieben, die im Gegensatz zu den anderen Zellen weniger genutzt wurden. Das hat aber auch zur Folge, dass eine Datei nach der Bearbeitung und erneutem Speichern nicht wieder in denselben Speicherbereich geschrieben wird.

Damit das schreibende System dennoch immer Zugriff auf die Daten hat, muss es wissen, an welcher Speicheradresse sich die gesuchten Dateien befinden. Hierfür existiert im Flash-Controller eine Look-Up Table, welche die dem System sichtbaren logischen Block Adressen (LBA) den speicherinternen physikalischen Block Adressen (PBA) zuweist.

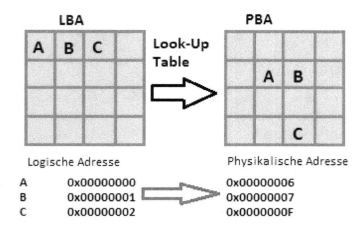

Abbildung 21 LBA/PBA

Es werden zwei verschiedene Methoden des Wear-Leveling-Algorithmus verwendet. Zum einen das dynamische Verfahren, bei dem die zu speichernden Daten nach oben beschriebenen Verfahren über den gesamten, freien Speicher verteilt werden. Durch dauerhaft belegte Speicherplätze kann es vorkommen, dass der nutzbare freie Speicher immer geringer wird und somit die verbleibenden, freien Zellen stärker belastet werden. Hierdurch kommt es zu einem schnelleren Verschleiß dieser Speicherzellen.

Das statische Wear-Leveling soll dies verhindern, indem der Inhalt länger nicht geänderter Speicherbreiche in stark abgenutzte Bereiche kopiert wird. Nach diesem Vorgang stehen wieder „frische" Zellen zur Aufnahme von Informationen bereit. Dadurch fallen weniger Speicherblöcke aus und das Speichermedium kann länger genutzt werden. Allerdings wird für das Kopieren Rechenleistung benötigt und somit die Performance beeinträchtigt.

Dennoch besitzt dieses Verfahren einen entscheidenden Nachteil: Wenn Daten durch das Betriebssystem als gelöscht markiert wurden, bekommt der Flash-Controller hiervon erst einmal nichts mit. Dadurch kann es dazu kommen, dass beim statischen Wear-Leveling die Verschiebung von Daten erfolgt, welche eigentlich nicht mehr benötigt werden. Um dies zu verhindern, wurde der sogenannte TRIM-Befehl eingeführt, welcher den Controller über Löschvorgänge des Betriebssystems informiert (siehe Kapitel 6.6).

Da durch das Wear-Leveling die Speicherbelegung in Bezug auf die Lebensdauer optimiert wird, ist im Vergleich zu HDDs die Nutzung von Defragmentierung oder anderer Performance steigernder Funktionen nicht zu empfehlen. Diese würden nur unnötig viele Speichervorgänge erzeugen und somit die Abnutzung des Flash-Speichers beschleunigen [vgl. Schnabel SSD].

6.4 Flash-Translation-Layer (FTL)

Da normale Dateisysteme, wie beispielsweise NTFS oder FAT (siehe Kapitel 5.2 und 5.1) keine Pages oder Flash-Blöcke direkt adressieren können, wurde der sogenannte Flash-Translation-Layer von der israelischen Firma „M-Systems" entwickelt und patentiert [vgl. Erbach 2013, S. 14, 15]. Dieser täuscht dem Betriebssystem einzelne Blöcke von meist 512 Bytes vor und verteilt intern die Zugriffe auf die passenden Pages. Hierdurch ist es möglich, ein Standarddateisystem auf einem Flash-Speicher zu nutzen, was sonst nicht möglich wäre.

Auch die im Wear-Leveling genutzte und in Kapitel 6.3 beschrieben Look-Up Table, zur Verbindung von PBA zu LBA befindet sich im FTL. Hierbei werden drei verschiedene Methoden genutzt [vgl. Park 2008; Chung 2011]:

Speicherverwaltung bei Flash-Speichern

1) **Page Mapping:**
   direkte Verknüpfung von LBA zu PBA

2) **Block Mapping:**
   Verknüpfung von LBA zu PBA unter Berücksichtigung eines Offsets

3) **Hybrid:**
   Kombination der beiden Methoden durch Verbindung der beiden Tabellen

6.5 Bad Block Management (BBM) und Reservesektoren

Bei der Übertragung, Verarbeitung und Speicherung von Daten kommt es in der Technik häufiger zum Einsatz sogenannter Fehlerkorrekturverfahren (Error Correction Code – ECC) [vgl. Schnabel ECC]. Diese können 1-Bit Fehler sicher erkennen und beheben, 2-Bit Fehler nur noch erkennen und ab 3-Bit Fehlern ist das Erkennen auch nicht mehr sicher möglich. Die nach ihrem Erfinder benannte Hamming-Distanz wäre hierbei eines der bekannteren Verfahren [vgl. Siemers 2007, S. 86].

Je stärker die Abnutzung einer Speicherzelle vorangeschritten ist, desto häufiger treten bei ihrer Verwendung Fehler auf. Häufen sich diese Fehler und ist eine Korrektur nicht mehr möglich, wird die Speicherzelle vom sogenannten Bad Block Management ausgesondert und ersetzt. Hierfür werden Zellen aus dem Reservebereich verwendet, welche nur für diesen Zweck genutzt und sonst nicht mit Daten beschrieben werden. Dieser Reservebereich besteht je nach Größe eines Datenträgers aus bis zu mehreren GB an Speicherzellen.

Sind die Kapazitäten dieses Bereiches erschöpft, können defekte Zellen nicht mehr ersetzt werden und werden zur weiteren Nutzung gesperrt. Somit verringert sich die zur Verfügung stehende Größe des Flash-Speichers im Laufe der Zeit.

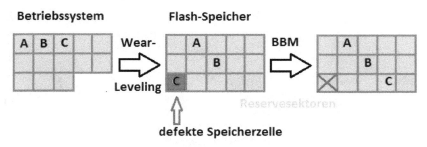

Abbildung 22 Bad Block Management

Um Datenverlust bei Ausfall einer Zelle zu vermeiden, werden sehr stark beanspruchte Speicherbereiche vor ihrer endgültigen Abnutzung ausgetauscht bzw. der Zugriff auf sie blockiert [vgl. Manhart 2014].

6.6 TRIM

Wie schon im Kapitel 6.3 beschrieben, dient der TRIM-Befehl dazu, dem Flash-Controller mitzuteilen, welche Speicherbreiche vom Betriebssystem zum Löschen markiert wurden. Hierfür wird dem Controller die LBA der Speicheradresse mitgeteilt, dieser wandelt anschließend die übergebene Adresse mit Hilfe der internen Look-Up Table in die zugehörige PBA um und markiert diese als zum Löschen freigegeben. Im Anschluss hieran werden die Daten durch den im nächsten Kapitel erläuterten Garbage Collector entfernt [vgl. Fkrezgy 2011, S. 30, 31].

6.7 Garbage Collector

Da Daten normalerweise nicht endgültig gelöscht, sondern nur aus dem „Inhaltsverzeichnis" des Speichers gestrichen bzw. zum Löschen markiert werden, wird ein zusätzlicher Garbage Collector benötigt. Dieser wird vom TRIM-Befehl ausgelöst und entfernt die als gelöscht markierten Daten auch auf der physikalischen Ebene. Das bedeutet, dass die Zellen entladen werden und die Informationen dadurch endgültig entfernt wurden. Da die Zellen nur neu beschrieben werden können, wenn sie vorher dauerhaft geleert wurden, steigert der Garbage Collector somit die Geschwindigkeit des Speichermediums. Außerdem werden als gelöscht markierten Daten durch das statische Wear-Leveling nicht weiter berücksichtigt und hierdurch die Lebensdauer des Speichers erhöht [vgl. Schnabel SSD].

7. Besonderheiten und Probleme bei der Flash-Forensik

7.1 White- und Black-Box Forensik

Bei der Analyse von SSD-Festplatten gibt es grundsätzlich zwei verschiedene Ansätze. Zum einen die White-Box Forensik, bei der die Flash-Bausteine direkt entnommen und analysiert werden und zum anderen die Black-Box Forensik, bei dem die Hardware des Flash-Speichers nicht verändert, sondern nur der Speicherinhalt analysiert wird. Diese beiden Methoden unterscheiden sich vor allem in der technischen Umsetzung, welche wiederum die Möglichkeiten der Auswertung stark beeinflusst [vgl. Bonetti 2013].

7.1.1 White-Box Forensik

Bei der White-Box Forensik werden die Flash-Bausteine einzeln herausgelötet und in eine spezielle Hardware zum Auslesen der Informationen eingesetzt. Dies birgt einige Vor- aber auch Nachteile. Bei der beschriebenen Methode ist es möglich, auf alle Bereiche der Flash-Speicher zuzugreifen. Es können also auch gesperrte Zellen, wie beispielsweise Reservesektoren ausgelesen werden. Außerdem kann eine Veränderung der Daten durch den Controller ausgeschlossen werden, da die mit Daten beschriebenen Speicherbereiche von diesem mechanisch getrennt wurden. Dies ist zugleich aber auch der größte Nachteil. Ohne Controller gehen jegliche Informationen der Verbindungen zwischen LBA und PBA verloren. Somit ist eine Zuordnung der einzelnen Speicherbereiche zu bestimmten Daten nicht mehr ohne weiteres möglich, was die Rekonstruktion enorm erschwert. Eine Methode hierfür ist das in Kapitel 2.6.2.4 beschriebene Smart Carving [vgl. Bonetti 2013, S. 2].

7.1.2 Black-Box Forensik

Bei der Black-Box Forensik wird die Hardware des Speichermediums in ihrem originalen Zustand belassen und somit mit intaktem Controller und über seinem Standardanschluss angeschlossen. Das hat den Vorteil, dass die Zuordnung der Speicheradressen von LBA zu PBA weiterhin gegeben ist. Allerdings besteht ein großer Nachteil darin, dass bei dieser Methode meist keinen Zugriff auf gesperrte Bereiche möglich ist. Dies wäre nur durch eine Modifikation der Firmware möglich. Diese unterscheidet sich aber von Hersteller zu Hersteller und wird von diesen meist auch nicht offengelegt. Außerdem besteht die Gefahr, dass der Controller nachträglich Änderungen im Speicher vornimmt [vgl. Bonetti 2013].

7.2 Integrität der Daten

Die Integrität der Daten wird meist durch die Erstellung eines eindeutigen Hash-Wertes (siehe Kapitel 2.2.1) sichergestellt. Stimmt dieser, bei der ersten Analyse erzeugte Wert bei einer späteren Untersuchung nicht mehr mit einem neu generierten Wert überein, kann eine Veränderung der Daten nicht mehr ausgeschlossen werden. Dies führt meist dazu, dass alle ermittelten Ergebnisse nicht mehr beweissicher sind. Da aber bei SSD-Festplatten verschiedene Mechanismen, wie zum Beispiel der Garbage Collector (siehe Kapitel 6.7) oder das statische Wear-Leveling (siehe Kapitel 6.3) zu nachträglichen Veränderung führen können, kann es auch ohne aktive Manipulation der Daten zu unterschiedlichen Hash-Werten kommen. Dies führt dazu, dass mit aktuell genutzten Methoden ein Nachweis über die Integrität der Daten nicht mehr sicher erbracht werden kann.

7.3 Write-Blocker

Die in Kapitel 2.3 beschriebenen Software- und Hardware-Write-Blocker sollen verhindern, dass die zur Analyse bereitstehenden Speichermedien beim Auslesen der Daten verändert werden. Da sich aber zum Beispiel der Garbage Collector (siehe Kapitel 6.7) von SSD-Festplatten im internen Controller befindet und somit keinen externen Zugriff benötigt, kann dieser auch nicht durch Write-Blocker verhindert werden. Der integrierte Garbage Collector startet seinen Einsatz bereits dann, wenn die SSD-Festplatte an eine Stromquelle angeschlossen wird. Hierfür muss noch nicht einmal eine Verbindung zu einem Computer oder einem anderen Lesegerät bestehen.

7.4 Slack

Ein Drive Slack (siehe Kapitel 2.5) ist theoretisch vorhanden, aber nur dann, wenn der TRIM-Befehl deaktiviert ist, da sonst alle als gelöscht markierten Daten unwiderruflich durch den Garbage Collector vernichtet werden (siehe Kapitel 6.6 und 6.7). Außerdem führt das Beschreiben eines gelöschten Blockes auch ohne aktivierten TRIM mit nur einem neuen Bit dazu, dass alle Daten dieses Blockes verloren sind, falls diese als gelöscht markiert wurden. Dies liegt daran, dass Flash-Speicher erstens erst neu beschrieben werden können, wenn sie vorher auch wirklich geleert wurden (siehe Kapitel 3.4) und zweitens an der Methodik des Read-Modify-Write-Zyklus (siehe Kapitel 6.2).

Zusätzlich führt das integrierte Wear-Leveling (siehe Kapitel 6.3) zu einer starken Fragmentierung der Daten, was zur Folge hat, dass Daten auch dann nur schwer rekonstruiert werden können, wenn sie sich trotz der oben genannten Gegebenheiten noch auf dem Datenträger befinden. Hier könnten lediglich die Methoden des sog. Smart-Carvings oder Graph-Theoretic-Carvings (siehe Kapitel 2.6.2.3 und Kapitel 2.6.2.4) zu einem positiven Ergebnis führen.

Im Allgemeinen kann aber davon ausgegangen werden, dass bei aktiviertem TRIM und vorhandenem Garbage-Collector eine Auswertung des Drive Slacks nicht möglich ist.

7.5 Reservesektoren

Eine weitere Besonderheit in der Flash-Forensik bilden die Reservesektoren (siehe Kapitel 6.5) einer SSD-Festplatte. Auf sie kann nicht direkt zugegriffen werden, es sei denn die Firmware des Controllers wird manipuliert oder der Speicher mit dem sogenannten White-Box Verfahren analysiert (siehe Kapitel 7.1.1). Da die Firmware eines Flash-Speichers nur in den seltensten Fällen offen zur Verfügung steht und sich von Hersteller zu Hersteller unterscheidet, stellt sich diese Möglichkeit als äußerst schwierig dar. Falls der Zugriff auf die Reservesektoren dennoch gegeben ist, ist es trotz alledem nicht sichergestellt, dass hier Informationen ausgelesen werden können. Oftmals befinden sich hier nämlich Speicherzellen, die noch nie beschrieben worden oder defekt sind. Lediglich Zellen, welche durch das Bad Block Management (siehe Kapitel 6.5), schon vor ihrem endgültigen Defekt ausgetauscht wurden, könnten Daten enthalten. Allerdings können hier auch so gut wie nie ganze Dateien, sondern meist nur Fragmente entnommen werden.

8. Betrachtete Programme

Zur Unterstützung einer forensischen Analyse werden viele verschiedene Programme angeboten. Einige dieser Programme dienen direkt der Analyse und Rekonstruktion von Dateien und andere werden zur Vorbereitung der Untersuchungen oder zur Validierung der Ergebnisse eingesetzt.

8.1 dd (Linux)

Das Konsolentool „dd" („dump device") erzeugt ein Raw-Image einer beliebigen Datei, einer Partition oder eines kompletten Datenträgers. Ein Raw-Image ist ein 1:1-Abbild, bei dem jedes Bit bzw. Byte einzeln kopiert wird. Dies ist mit allen unter Linux verwendbaren Dateisystemen möglich [vgl. Ubuntu dd].
Die Syntax für „dd" lautet:

```
dd if=Quelle of=Ziel <Optionen>
```

Hierbei muss für „Quelle" bei „if" („Input File") der Pfad zu dem zu kopierenden Bereich angegeben werden. Das „Ziel" bei „of" („Output File") gibt den Speicherort des erzeugten Images an und unter „Optionen" können bestimmte Spezifikationen für den Kopiervorgang festgelegt werden. Mit diesen Spezifikationen kann zum Beispiel die Größe und Anzahl der zu kopierenden oder zu überspringenden Blöcke vorgeschrieben werden.
Beispiele:

- Zum Kopieren der zweiten Partition von **/dev/sdc** in die dritte Partition von **/dev/sda** muss der Aufruf wie folgt lauten:

```
dd if=/dev/sdc2 of=/dev/sda3
```

- Sollen nur die ersten 20 Blöcke mit der Größe 2048 Byte des oben genannten Beispiels, kopiert werden, erfolgt dies durch Zusatz der folgenden Optionen:

```
dd if=/dev/sdc2 of=/dev/sda3 bs=2K count=20
```

- Im Gegensatz zum letzten Beispiel sollen nun alle Daten, ausgenommen der ersten 20 Blöcke, kopiert werden:

```
dd if=/dev/sdc2 of=/dev/sda3 bs=2K skip=20
```

Betrachtete Programme

8.2 cmp (Linux)

Ob die Erstellung eines Images fehlerfrei erfolgt ist, kann mit dem Linux Tool „cmp"
(„Compare") ermittelt werden. Hierbei werden eine Quell- und eine Zieldatei bitweise
miteinander verglichen und es zeigt die Unterschiede an, falls hiervon welche vorhanden
sind [vgl. Ubuntu cmp].

Die Syntax für „cmp" lautet:

```
cmp <Optionen> [Datei1] [Datei2]
```

„Datei1" und „Datei2" stehen hierbei für den Pfad und Dateinamen der zu vergleichenden
Dateien bzw. für den Pfad eines in Linux eingebundenen Speichermediums. Durch die
Übergabe eines oder mehrerer Optionsparameter können jeweils verschiedene Ausgaben
ausgewählt werden.
Folgende Optionsparameter stehen zur Verfügung:
- o –b gibt den ASCII-Code und das dazugehörige Zeichen des als erstes
  voneinander abweichenden Bytes aus.
- o –l gibt den ASCII-Code jedes abweichenden Bytes aus.
- o Durch eine Verknüpfung beider Parameter kommt es zur Ausgabe einer
  Liste mit allen differierenden Bytes, ihrer Position in der Datei, dem
  dazugehörigen ASCII-Code und ihrem tatsächlichem Zeichen.

In folgendem Beispiel werden zwei Textdateien mit dem Inhalt „Forensische Analyse einer
HDD-Festplatte." und „Forensische Analyse einer SSD-Festplatte." miteinander verglichen:
```
cat Datei1.txt
        Forensische Analyse einer HDD-Festplatte.

cat Datei2.txt
        Forensische Analyse einer SSD-Festplatte.

cmp Datei1.txt Datei2.txt
        datei1 datei2 differ: byte 27, line 1.

cmp -b datei1 datei2
        datei1 datei2 differ: byte 27, line 1 is 110 H 123 S

cmp -l datei1 datei2
```

```
        27 110 123
        28 104 123
cmp -l -b datei1 datei2
        27 110 H     123 S
        28 104 D     123 S
```

8.3 nwdiff (Windows)[27]

Mit „nwdiff" können zwei Dateien bitweise miteinander verglichen werden. Die Ausgabe besteht aus vier Fenster, in denen jeweils 64kB angezeigt werden und einen prozentualen Wert, der anzeigt, zu wie viel Prozent die zwei Dateien übereinstimmen [vgl. Forensik 2006].

Abbildung 23 nwdiff

---

[27] URL http://www.geocities.jp/belden_dr/ToolNwdiff_Eng.html

Betrachtete Programme

In den oberen beiden Fenstern werden die Inhalte der Dateien dargestellt, indem gesetzte Bits grün und nicht gesetzte schwarz gefärbt werden. Das Fenster in der linken unteren Hälfte ist eine XOR Verknüpfung der beiden Dateien, bei der unterschiedliche Bits grün und gleiche schwarz angezeigt werden. Der Inhalt des letzten Fensters ergibt sich aus einer OR Verknüpfung der Dateien. Hierbei werden gesetzte Bits der ersten Datei rot, der zweiten Datei grün, bei beiden gesetzten Bits gelb und bei beiden nicht gesetzten Bits schwarz angezeigt.

Sobald eines der Fenster angeklickt wird, wechselt das Programm in eine Hex-Ansicht, bei der beide Dateien nebeneinander dargestellt und genauer untersucht werden können. Zur Unterstützung dessen werden sich voneinander unterscheidende Bereiche rot dargestellt.

8.4 Recuva (Windows)[28]

Recuva ist ein kostenloses Recoverytool, mit dem interne und externe Datenträger untersucht werden können. Das portable Tool führt nach dem Start durch einen Assistenten, in dem unterschiedliche Einstellungen vorgenommen werden können. Hierbei wird unter anderem gefragt, welche Datentypen wiederhergestellt werden sollen und an welchem Speicherort sich diese befunden haben. Sollte dieser nicht bekannt sein, kann die Suche auch über komplette Speichermedien laufen gelassen werden.

Außerdem kann die Intensität der Suche ausgewählt werden. Unterschieden wird zwischen einer sogenannten „Tiefensuche" und dem normalen Suchlauf. Ersteres führt im Normalfall zu mehr Ergebnissen, nimmt aber wesentlich mehr Zeit in Anspruch.

Der Funktionsumfang von Recuva umfasst nicht nur die Wiederherstellung von gelöschten Daten, sondern kann auch beschädigte oder formatierte Bereiche, gelöschte Emails und nicht gespeicherte Word Dokumente rekonstruieren. Zusätzlich ist eine Funktion zum sicheren Löschen von Dateien integriert. Hierbei werden diese mehrfach überschrieben um eine Wiederherstellung auszuschließen [vgl. RECUVA].

---

[28] URL http://www.piriform.com/recuva

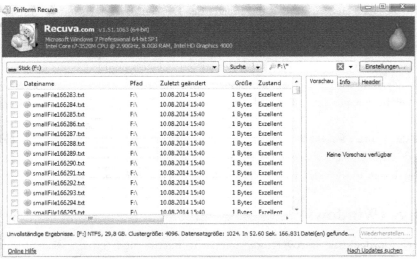

Abbildung 24 Recuva

8.5 EnCase (Windows)[29]

Da bei der forensischen Analyse niemals auf den Originaldaten gearbeitet werden sollte, stellt das kostenpflichtige Tool EnCase für Windows-Systeme unter anderem die Möglichkeit bereit, Images zu erstellen. Dabei ist es von Vorteil, dass dieses Tool die meisten Dateisysteme unterstützt. Um eine versehentliche Veränderung der Originaldaten zu verhindern, ist ein, wie in Kapitel 2.3.2 beschriebener Software-Write-Blocker integriert. Hierfür stellt EnCase eigene Treiber zur Verfügung, die einen Schreibzugriff auf das Medium verhindern. Dies ist allerdings nur ein kleiner Teil dessen, was EnCase leisten kann. Es kann unter anderem gelöschte Daten wiederherstellen, Verläufe von einigen Webbrowsern analysieren und nach IP-Adressen oder Kreditkartennummern auf dem Speichermedium suchen.

Für EnCase wurde eine Skriptsprache namens EnScript entwickelt, mit der eigene Funktionen realisiert werden können. Dadurch ist eine Anpassung an die persönlichen Anforderungen möglich. Dem Nutzer stehen bereits einige vorgefertigte Skripte zur Verfügung, unter anderem zur Analyse des File-Slacks oder der oben genannten Funktionen. Veränderungen einzelner Dateien auf einem Datenträger können anhand ihrer MAC-Time in einem Kalender dargestellt werden. Daten können zudem in verschiedenen Formaten, wie zum Beispiel HEX oder Text angezeigt werden, wie im unteren Bereich der nachfolgenden Abbildung dargestellt wird.

---

[29] URL https://www.guidancesoftware.com/products/Pages/encase-forensic/overview.aspx

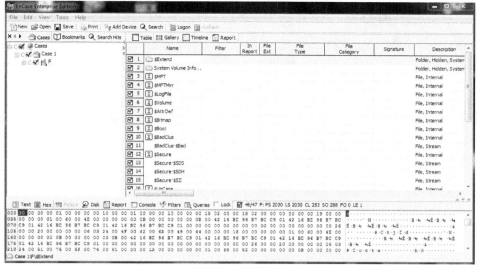

Abbildung 25 EnCase

Zur besseren Übersicht bietet das Programm die Möglichkeit, verschiedene Fälle (Cases) anzulegen. In den einzelnen Cases können wiederrum verschiedene Speichermedien verwaltet und analysiert werden.

Wird bei der Analyse bemerkt, dass eine Datei für die forensische Untersuchung eine wichtige Rolle spielt, kann sie markiert werden. Wenn im Anschluss ein Bericht mit Hilfe von EnCase über diese Analyse erzeugt wird, werden diese Daten herausgefiltert und mit einem Link auf die Datei in diesem Bericht versehen. Das heißt, dass sich im erzeugten Bericht Verknüpfungen zu den als wichtig eingestuften Dateien befinden [vgl. BSI 2011, S. 213, 214].

8.6 Sleuthkit (Linux/Windows)[30]

Sleuthkit ist eine Sammlung verschiedener Open-Source Konsolentools zur forensischen Analyse, mit deren Hilfe Datenträger, deren Abbilder oder einzelne Dateiordner untersucht werden können. Hierbei wird eine Vielzahl verschiedener Dateisysteme unterstützt und unterschiedliche Methoden zur Datenanalyse und deren Rekonstruktion angeboten.

Auf Sleuthkit baut außerdem eine Großzahl anderer Tools auf, die teils auch eine grafische Oberfläche besitzen [vgl. BSI 2011, S. 215].

---

[30] URL http://www.sleuthkit.org/sleuthkit/index.php

Betrachtete Programme

8.7 Autopsie (Linux/Windows)[31]

Eines der, auf Sleuthkit aufbauenden Tools ist Autopsie. Mit diesem kostenlosen Programm können nicht nur Daten analysiert, sondern auch die zur Analyse benötigten Images erzeugt werden. Zur Sicherung der Integrität, also zum Ausschluss einer nachträglichen Veränderung der Daten, ist es nach Erzeugung des Abbildes direkt möglich, die Hash-Summe dieses und die der Datenquellen zu ermitteln. Weiterhin können, wie bei Sleuthkit auch, nicht nur Images, sondern auch komplette Datenträger oder einzelne Ordner untersucht werden.

Damit die Übersichtlichkeit gewährleistet bleibt, bietet Autopsie eine integrierte Case-Verwaltung an. Mit dieser können einzelne Fälle voneinander getrennt gespeichert, untersucht und ausgewertet werden.

Im Laufe dieser Untersuchungen, können interessante Daten durch Lesezeichen markiert, die MAC-Timestamps und deren Beziehungen analysiert oder Daten rekonstruiert werden. Zur direkten Datenanalyse kann deren Hex-Code, aber auch gleich die dazu gehörigen ASCII-Werte anzeigt werden [vgl. BSI 2011, S. 216].

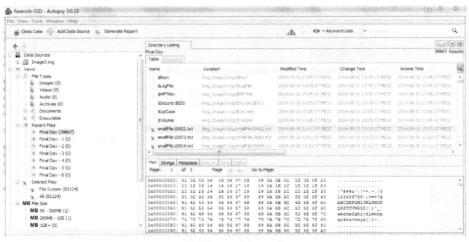

Abbildung 26 Autopsie

[31] URL http://www.sleuthkit.org/autopsy/download.php

50

8.8 DiskDigger (Linux/Windows)[32]

Die für den Privatgebrauch kostenlose Software "Diskdigger" unterstützt sowohl FAT-, als auch NTFS-Dateisysteme. Es gibt zwei verschiedene Suchmethoden, zum ersten „Dig Deep" und zum zweiten „Dig Deeper". Dig Deep kann alle Datentypen rekonstruieren, diese nach Namen und Größe filtern und nach Name, Größe, Daten und Speicherort sortieren.

Dig Deeper benutzt einen Carving-Algorithmus und sucht nach bekannten Datentypen aus den Bereichen Fotos/Bilder, Dokumente, Audio/Video, gepackte Dateien und sonstige andere Formate wie zum Beispiel ausführbare EXE-Dateien oder ISO-Abbilder. Wie in der Abbildung 27 zu erkennen, zeigt das Programm gefundene Daten in einer Liste oder Baumstruktur an. Von einzelnen Dateien kann eine direkte Vorschau oder die Hex-Ansicht betrachtet werden.

Eine weitere Funktion ist die Analyse von Abbildern virtueller Festplatten, wie beispielsweise VHD- oder VDI-Dateien.

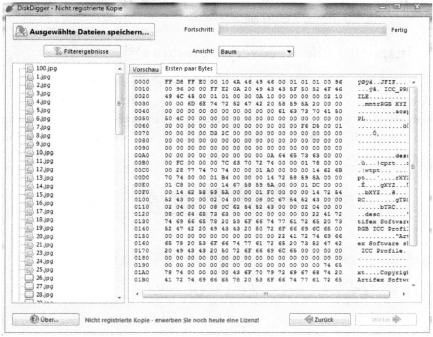

Abbildung 27 DiskDigger

---

[32] URL http://diskdigger.org/

Betrachtete Programme

8.9 Photorec (Linux/Windows)[33]

Photorec ist ein kostenloses Carving-Tool, welches verschiedenste Datentypen rekonstruieren kann. Es kennt 440 Dateiendungen aus ca. 240 Dateifamilien, die für das Carving-Verfahren genutzt werden. Außerdem unterstützt es alle üblichen Dateisysteme wie NTFS, FAT oder EXT und ist ein reines Konsolentool, komplett ohne grafische Oberfläche.

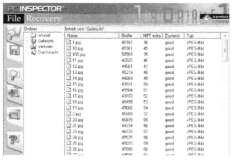

Abbildung 28 photorec

8.10 PC Inspector File Recovery (Windows)[34]

Das kostenlose Programm „PC Inspector File Recovery" bietet drei verschiedene Rekonstruktionsarten an. Zum einen eine Carving-Methode, welche 25 unterschiedliche Dateiformate unterstützt, zum anderen eine Methode zur Rekonstruktion von gelöschten Daten anhand ihrer MFT- oder FAT-Einträge und außerdem noch eine Methode zur Wiederherstellung ganzer Partitionen.

Abbildung 29 PC Inspector File Recovery

[33] URL http://www.cgsecurity.org/wiki/PhotoRec
[34] URL http://www.pcinspector.de/

8.11 USB Write Blocker for ALL Windows (Windows)[35]

Mit dem Tool "USB Write Blocker for ALL Windows" ist es möglich, alle schreibenden Zugriffe auf die USB-Anschlüsse zu sperren. Dies erfolgt durch eine Änderung der Windows Registry, bei der in „HKEY_LOCAL_MACHINE / SYSTEM / CurrentControlSet" ein neuer Eintrag namens „WriteProtect" angelegt und mit dem Wert 1 initialisiert wird. Hierdurch wird ein Schreibschutz für alle, nach der Änderung angeschlossenen USB-Geräte aktiviert. Wird der Wert von „WriteProtect" auf 0 gesetzt, ist dieser Schreibschutz wieder deaktiviert.

Das Programm besteht aus einer Batch-Datei, welche die nötigen Änderungen vornimmt und somit einen manuellen Eingriff in die Windows Registry überflüssig macht.

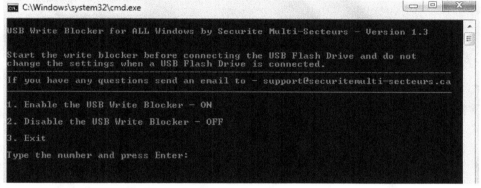

Abbildung 30 USB Write Blocker for ALL Windows

---

[35] URL http://sourceforge.net/projects/usbwriteblockerforwindows8/

8.12 FileCompare (Windows)[36]

Das kostenlose Programm „FileCompare" vergleicht bitweise alle Dateien zweier verschiedener Ordner miteinander. Dadurch kann beispielsweise erkannt werden, ob sich die Dateien nach ihrer Rekonstruktion von den Ursprungsdateien unterscheiden. Nach der Ausführung des Programmes wird direkt angezeigt, wie viele der zu überprüfenden Dateien übereinstimmen und die Namen der fehlerhaften bzw. im zu vergleichenden Ordner nicht vorhandenen Dateien werden ausgegeben.

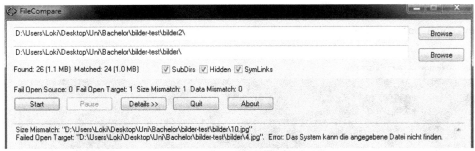

Abbildung 31FileCompare

8.13 PDFCreator (Windows)[37]

Druckbare Dateien können mit Hilfe dieses Tools in verschiedenen Formaten abgespeichert werden. Als Formate werden zum Beispiel PDF, JPEG oder TIFF angeboten. Hierfür wird ein virtueller Drucker installiert, welcher die zu ihm gesendeten Druckaufträge in dem gewünschten Format speichert. Die Software wird zur Durchführung bzw. Vorbereitung des im Kapitel 9.4 beschriebenen Versuchs benötigt.

---

[36] URL http://www.steelbytes.com/?mid=27
[37] URL http://de.pdfforge.org/pdfcreator/download

9. Versuchsdurchführung

9.1 Ziel des Versuches

Durch den folgenden Versuch sollen die Unterschiede, aber auch die Gemeinsamkeiten verschiedener Speichermedien aufgezeigt und die in Kapitel 7 theoretisch beschriebenen Probleme der forensischen Analyse von Flash-Speichern veranschaulicht werden.

Besonderes Augenmerk soll hierbei auf der Analyse der Auswirkungen des TRIM-Befehles und dem Garbage Collector liegen.

Im ersten Schritt soll sowohl mit aktiviertem, als auch mit deaktiviertem TRIM-Befehl ermittelt werden, wie hoch die Rate der zu rekonstruierenden Daten ist.

Im nächsten Schritt sollen die einzelnen Ergebnisse miteinander verglichen werden.

Auf die Erzeugung von Hash-Summen wird bei den folgenden Versuchen verzichtet, da die Überprüfung einer nachträglichen Veränderung nicht erforderlich ist.

9.2 Genutzte Speichermedien

Zur Durchführung der Versuche wurden unterschiedliche Speichermedien genutzt, deren technischen Daten im Folgenden aufgezeigt werden:

- **USB-Stick**
  - Hersteller: Verbatim
  - Modell: PinStripe USB Drive
  - Bytes pro Cluster: 512
  - Speicherkapazität in GiB: 29,8

Abbildung 32 USB-Stick

Abbildung 33 SD-Karte

- **SD-Karte**
  - Hersteller: SanDisk
  - Modell: SDSDB-032G
  - Bytes pro Cluster: 512
  - Speicherkapazität in GiB: 29,8

- **SSD-Festplatte**
  - Hersteller: SanDisk
  - Modell: SDSSDRC032G
  - Firmware : 3.0.0
  - Bytes pro Cluster: 512
  - Speicherkapazität in GiB: 29,81

Abbildung 34 SSD-Festplatte

Versuchsdurchführung

Abbildung 35 HDD-Festplatte

- **HDD-Festplatte**
  - ○ Hersteller: Western Digital
  - ○ Modell: WDC WD1200BEVS-22UST0
  - ○ Bytes pro Cluster: 512
  - ○ Speicherkapazität in GiB: 120

9.3 Technischer Aufbau

Alle Speichermedien werden mit einem Desktop-PC mit einem Intel Core i7 8-Kern Prozessor, 8 GB RAM, einer NVIDIA GForce GTX-570 Grafikkarte verbunden. Für die beiden Festplatten werden die vorhandenen SATA-Anschlüsse genutzt, die SD-Karte wird mit Hilfe eines USB-Kartenlesers mit dem PC verbunden und der USB-Stick an einen USB 2.0 Port angeschlossen.

Auf allen Datenträgern wird eine 1 GB große Partition eingerichtet, welche mit NTFS und einer Clustergröße von 4096 Byte formatiert wird, um auf allen Speichermedien die gleichen Grundvoraussetzungen zu schaffen. Zudem hat sich bei der Vorbereitung der Versuche ergeben, dass eine Durchführung dieser bei einer Größe von über 1 GB zu rechenintensiv ist und das es bei kleineren Größen zu nicht repräsentativen Ergebnissen kommen kann. Bei der Formatierung werden die einzelnen Speichermedien mit unterschiedlichen Volumenbezeichnungen versehen, wie zum Beispiel die SSD-Festplatte als „SSD" und der USB-Stick als „USB".

Eine dritte vorhandene Festplatte, auf welcher sich die benötigten Betriebssysteme befinden, wird an den letzten verbleibenden SATA-Anschluss angebracht. Auf dieser wird vorher Windows 7 Professional mit Service Pack1 und die Linux-Distribution Backtrack 5 R3 installiert.

Backtrack 5 R3 basiert auf Ubuntu Lucid mit dem Kernel 2.6.38 und wurde extra für Sicherheitsanalysen entwickelt. Es beinhaltet eine Vielzahl von Sicherheits-, Penetrationtesting- und auch Forensik-Tools, wie zum Beispiel Sleuthkit und Autopsie (siehe Kapitel 8.6 und 8.7).

Alle für die Versuche genutzten, kostenlosen Programme wurden auf den Internetseiten der jeweiligen Anbieter heruntergeladen und auf der dritten Festplatte unter dem benötigten Betriebssystem installiert. Das kostenpflichtige Programm „EnCase" (siehe Kapitel 8.5) wurde an zur Verfügung gestellten Rechnern genutzt, auf welchen lizensierte Versionen der Software vorhanden sind.

9.4 Versuch: Daten rekonstruieren

9.4.1 Speichermedien vorbereiten

Mit Hilfe eines VBA-Makros (siehe Anhang 1) und dem Programm „PDFCreator" (siehe Kapitel 8.13) werden so viele weiße Bilder mit einer schwarzen Zahl im Vordergrund auf dem Datenträger erstellt, bis kein weiterer Speicherplatz mehr zur Verfügung steht. Die Zahl wird von Bild zu Bild jeweils um eins erhöht und als JPG mit der Zahl als Namen abgespeichert (z.B. 1343.jpg). Die Größe der einzelnen JPG variiert zwischen 40 KB und 63 KB. Insgesamt werden 17093 Bilder benötigt, um den Datenträger komplett zu füllen. Sobald der Vorgang abgeschlossen ist, können alle erzeugten Bilder direkt auf die verbleibenden drei Datenträger kopiert werden.

Im Anschluss hieran werden die Daten aller Speichermedien wieder gelöscht. Danach wird von jedem Datenträger mit der Linux-Konsolen-Anwendung „dd" (siehe Kapitel 8.1) ein Abbild erzeugt. Hierfür wird beispielsweise für die SSD-Festplatte folgender Konsolenaufruf verwendet:

```
dd if=/dev/sdd5 of=/media/usb0/Image-SSD.img
```

Zur Ermittlung, an welcher Stelle die verwendeten Speichermedien eingehängt sind, kann der „mount"-Befehl verwendet werden. Wie in Abbildung 35 zu erkennen ist, befindet sich in der vorletzten Zeile die Bezeichnung „SSD", welche in Kapitel 9.3 für die SSD-Festplatte vergeben wurde. Am Anfang der selben Zeile steht der sog. „mount point", der als Quelle zur Imageerzeugung genutzt wird. Als Zielort für das Image wird eine externe Festplatte genutzt, welche unter „/media/usb0" zu finden ist. „Image-SSD.img" wird hierbei als Dateiname verwendet.

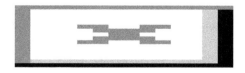

Abbildung 36 mount

Um Fehler bei der Erzeugung auszuschließen, werden die Ursprungsdaten und jedes Image durch Einsatz des Linux Tools „cmp" (siehe Kapitel 8.2) miteinander verglichen. Hierbei

Versuchsdurchführung

werden als Übergabeparameter dieselben Werte wie bei der Imageerzeugung genutzt. Der Aufruf erfolgt also wie folgt:

```
cmp /dev/sdd5 /media/usb0/Image-SSD.img
```

Endet die Überprüfung ohne eine Rückmeldung, wurde das Image fehlerfrei erzeugt.

Damit die Auswirkungen des TRIM-Befehles erkennbar werden, müssen die vorherigen Schritte für die SSD-Festplatte sowohl mit aktiviertem, als auch mit deaktiviertem TRIM durchgeführt werden. Da das Beschreiben und Löschen der Speichermedien unter Windows erfolgt, müssen auch hier die Änderungen am TRIM-Befehl vorgenommen werden. Hierfür muss die Windows Kommandozeile mit administrativen Rechten gestartet werden. Im Anschluss hieran kann mit dem Befehl „fsutil behavior query disabledeletenotify" der aktuelle Status des TRIM-Befehls abgerufen werden. Ist bei DisableDeleteNotify der Wert 0 gesetzt, so ist der TRIM-Befehl aktiviert. Durch Ausführung des Befehles „fsutil behavior set DisableDeleteNotify 1" kann der TRIM-Befehl deaktiviert und durch den Befehl „fsutil behavior set DisableDeleteNotify 0" aktiviert werden.

Das Ergebnis dieser Vorbereitung sind fünf Images der formatierten Datenträger, mit denen die weiteren Schritte durchgeführt werden können.

9.4.2 Daten rekonstruieren

Zur Rekonstruktion der Daten werden die drei unterschiedlichen Tools Recuva, EnCase und Autopsie eingesetzt, welche im Kapitel 8.4/8.5/8.7 beschrieben werden.
Da das Programm Recuva keine Möglichkeit bietet, Images zu untersuchen, muss hier auf die Originaldatenträger zurückgegriffen werden. Dies sollte bei einer reellen forensischen Analyse unterlassen werden, hat aber auf die Durchführung der Tests keine Auswirkungen. Recuva führt direkt nach dem Start durch einen Assistenten, in dem unter anderem ausgewählt werden kann, welche Art von Daten rekonstruiert werden sollen und an welchem Speicherort sich diese befunden haben. Außerdem kann zwischen einer normalen und der sogenannten Tiefensuche unterschieden werden, wobei zur Rekonstruktion von nicht überschriebenen Daten die normale Suche ausreichend ist. Im Anschluss daran werden alle gefundenen Dateien in einer Übersicht dargestellt (siehe Abbildung 24 Recuva, S. 37). Hier können die gesuchten Dateien ausgewählt und durch einen Klick auf „Wiederherstellen…" in einem ausgewählten Ordner rekonstruiert werden.
Bei dem Tool „Autopsie" muss zuerst ein neuer Fall angelegt werden. Anschließend wird auch hier ein Assistenten als Unterstützung zur Verfügung gestellt. Im ersten Schritt muss

60

der Speicherort der zu rekonstruierenden Daten bzw. eines der im vorherigen Kapitel erstellten Images auswählt werden. Als nächstes können einige zusätzliche Module ausgewählt werden, mit denen zum Beispiel gezielt nach bestimmten Schlüsselwörtern gesucht werden kann oder gepackte Dateien untersucht werden können. Sollen nur gelöschte Daten rekonstruiert werden, wird keines der optionalen Module benötigt und es sollte aus Gründen der Performance deshalb auch keines dieser Module ausgewählt werden. Nun kann in dem auf der linken Seite angezeigten Baum der Punkt „Views" und dort „Deleted Files" ausgewählt werden. Hier werden alle gefundenen, gelöschten Daten angezeigt, welche durch Markieren, Rechtsklick und Auswahl von „Extract File(s)" in einem beliebigen Ordner wiederhergestellt werden können.

Damit bei „EnCase" Daten untersuchen werden können, ist es als erstes notwendig, einen neuen Case anzulegen. Dies geschieht durch einen Klick links oben auf des Feld „New" und durch die Eingabe des gewünschten Case- und Ermittler-Namens und des Speicherortes. In einem so erstellten Fall kann nun eine beliebige Anzahl von Images oder Speichermedien eingebunden werden. Dies erfolgt über den Menüleisteneintrag „File" und dort unter „Add Raw-Image...". In dem darauf erscheinenden Fenster können per Drag-and-Drop Images eingebunden und diese dann auch noch weiter spezifiziert werden, wie zum Beispiel durch die Eingabe des Image Typen und des verwendeten Dateisystems. Wird nun im linken Baum ein angelegter Fall und ein sich darunter befindender Datenträger ausgewählt, können im Fenster auf der rechten Seite alle Dateien anzeigt werden. Gelöschte Dateien können durch einen Rechtsklick und der Auswahl von „Copy/UnErase" rekonstruiert werden. Hierfür müssen noch ein paar Entscheidungen über die Art der Rekonstruktion getroffen werden, u.a. über die maximale Größe und den Speicherort der Dateien.

Die rekonstruierten Daten werden mit Hilfe des Tools FileCompare (siehe Kapitel 8.12) mit den Originaldaten verglichen, damit eine bitgenaue Rekonstruktion sichergestellt werden kann bzw. Fehler erkannt werden können. Da EnCase die Namen der wiederhergestellten Dateien verändert und dies auch bei den anderen beiden Tools vorkommen kann, muss darauf geachtet werden, die Dateien wieder mit ihren Originalnamen zu versehen. Hierbei kommt einem die Versuchsvorbereitung zugute, bei welcher die Datenträger mit Bildern gefüllt wurden, auf denen nur Zahlen sind und diese auch den Dateinamen ergeben. Entsprechen die Namen wieder denen der Originale, werden in „FileCompare" der Ordner der Ursprungsdateien und der, der rekonstruierten Dateien ausgewählt und auf „Start" geklickt. Der Vergleich der Daten läuft ohne weitere Einstellungen automatisch durch und zeigt im Anschluss an wie viel Prozent der Daten übereinstimmen und falls Unterschiede vorhanden sind, in welcher Datei sich diese Befinden.

9.4.3 Ergebnisse des Versuches

Im Folgenden werden die verschiedenen Ergebnisse der Rekonstruktionen, nach den einzelnen genutzten Programmen sortiert, dargestellt.

Autopsie	∑ rekonstruierte Daten	Rekonstruierte Daten in %	Analysezeit in Sekunden	Rekonstruktionsz eit in Sekunden
HDD-Festplatte	17090	99,98	6	216
USB-Stick	17085	99,95	266	175
SD-Karte	17086	99,96	242	163
SSD mit TRIM	0	0	1	-
SSD ohne TRIM	17089	99,98	213	135

Tabelle 3 Autopsie Ergebnisse

EnCase	∑ rekonstruierte Daten	Rekonstruierte Daten in %	Analysezeit in Sekunden	Rekonstruktionsz eit in Sekunden
HDD-Festplatte	17091	99,99	2	141
USB-Stick	17085	99,95	2	203
SD-Karte	17086	99,96	2	183
SSD mit TRIM	0	0	2	-
SSD ohne TRIM	17089	99,98	2	149

Tabelle 4 EnCase Ergebnisse

Recuva	Σ rekonstruierte Daten	Rekonstruierte Daten in %	Analysezeit in Sekunden	Rekonstruktionsz eit in Sekunden
HDD-Festplatte	17071	99,87	19	62
USB-Stick	17085	99,95	17	172
SD-Karte	17086	99,96	15	133
SSD mit TRIM	0	0	1	-
SSD ohne TRIM	17088	99,97	68	149

Tabelle 5 Recuva Ergebnisse

Werden die einzelnen Ergebnisse miteinander verglichen, kann festgestellt werden, dass alle drei Programme sehr ähnliche Resultate liefern und sich lediglich in der benötigten Zeit für Analyse und Rekonstruktion stärker voneinander unterscheiden.

9.4.4 Auswertung der Ergebnisse

Anhand der durchgeführten Versuche wird deutlich, dass eine Rekonstruktion von Daten, welche nicht überschrieben wurden und somit noch vollständig auf dem Datenträger vorliegen, sowohl bei Magnetspeichern, als auch bei unterschiedlichsten Flash-Speichern möglich ist.

Anders sieht dies allerdings bei SSD-Festplatten mit aktiviertem TRIM und Garbage Collector aus. Wie in den Tabellen aus Kapitel 9.4.4 zu erkennen ist, ist keines der genutzten Tools in der Lage, auch nur eine einzige Datei bei aktiviertem TRIM zu rekonstruieren.

10. Zusammenfassung

Ein Ende der Forensik in der Informationstechnik, wie es von G. B. Bell und R. Boddington vorhergesagt wird [vgl. END 2010], ist nach Zusammenführung und Analyse verschiedenster Quellen nicht erkennbar. Zwar wird sich die forensische Analyse durch die immer stärkere Verbreitung von Flash-Speichern in bestimmten Bereichen anpassen müssen, aber dies bedeutet kein vollständiges Ende. Lediglich beim Einsatz von SSD-Festplatten kommt es zu größeren Problemen, da hier eine Rekonstruktion von Daten nicht möglich ist, falls der TRIM-Befehl und der Garbage Collector genutzt werden. Die wachsende Nutzung von mobilen Geräten wie Smartphones, Tablets und Co führt aber dazu, dass Flash-Speicher wohl auch in Zukunft im Vergleich zu SSD-Festplatten in PCs, Servern o.ä. sehr viel häufiger in diesen Apparaten zum Einsatz kommen. Dies liegt vor allem an dem höheren Preis der SSD-Speicher im Gegensatz zu herkömmlichen Magnetspeichern und außerdem an ihrer begrenzten Lebensdauer. Nur in den oben genannten Bereichen, wie zum Beispiel bei Smartphones, haben Flash-Speicher aufgrund ihrer geringen Größe und hohen Widerstandsfähigkeit gegen Stöße und sonstige kinetische Belastungen ein sehr großes Potential. Falls genügend Platz vorhanden ist und Erschütterungen, welche die Mechanik zerstören, durch die Größe und das Gewicht des Gerätes ausgeschlossen werden können, werden aber auch in naher Zukunft weiterhin magnetische Speicher zum Einsatz kommen.

Natürlich führt die Verbreitung von Flash-Speichern, besonders in kleinen, mobilen Geräten zu neuen Herausforderungen, aber wie in dieser Arbeit ermittelt wurde, führt nur der TRIM-Befehl in Kombination mit dem Garbage-Collector zu einem vollständigen Verlust der Daten. Lediglich die Eigenschaft von Flash-Speichern, erst neu beschrieben werden zu können, wenn sie vorher auch endgültig gelöscht wurden, hat keine größeren Auswirkungen. Dies wurde zum Beispiel bei dem in Kapitel 9.4 durchgeführten Versuch klar. Hier konnten annährend 100% der Daten aller Speichermedien rekonstruiert werden, es sei denn es waren die oben genannte Mechanismen aktiv.

Wie zu erkennen ist, ist nicht die Funktionsweise von Flash-Speichern an sich ein Problem für die Forensik, sondern eher die Methoden, welche entwickelt wurden, um deren Performance oder Lebensdauer zu erhöhen. Bis jetzt scheinen zurzeit genutzte Methoden wie Wear-Leveling, TRIM-Befehl und integrierter Garbage Collector die beste Möglichkeit zu sein, einen Flash-Speicher effektiv zu nutzen. Dass dies enorme, negative Auswirkungen auf die IT-Forensik hat, wurde von den Herstellern bzw. Entwicklern derartiger Mechanismen nicht berücksichtigt. Einem Hersteller geht es beim Verkauf seiner Produkte meist nicht darum, dass diese gut für eine forensische Analyse geeignet sind, sondern darum, die Ansprüche seiner Kunden in Sachen Performance und Lebensdauer seiner Produkte

Zusammenfassung

zufrieden zu stellen. Solange hier kein Umdenken erfolgt und sich SSD-Festplatten doch stärker verbreiten als vermutet, wird dies noch zu einigen, schwerwiegenden Problemen führen, vor allem im Bereich der Straftatermittlungen.

Auch wenn sich Flash-Speicher in den nächsten Jahren nur in mobilen Geräten etablieren und diese weiterhin ohne TRIM etc. betrieben werden, führt auch dies dazu, dass sich die Forensik anpassen muss. Ein Bereich, der hiervon betroffen wäre, wäre die Sicherstellung der Integrität der Daten. Es existieren schon einige Ansätze dafür, wie zum Beispiel die Durchführung der Analyse unter ständiger Beobachtung einer dritten, unabhängigen Person. Dies ist zwar eine recht kostenintensive Methode, aber macht die Erstellung von Hash-Werten überflüssig, da eine aktive Manipulation der Daten ausgeschlossen wird.

Ein weiterer Ansatz zur Unterstützung der Forensik wäre der Einsatz von sogenannten SSHDs, also Hybridfestplatten, bei denen der Flash-Speicher nur als Schreibpuffer zur Steigerung der Performance fungiert. Der Einsatz dieser Festplatten würde dem Nutzer eine höhere Schreibgeschwindigkeit und einen geringeren Stromverbrauch bringen und durch die Speicherung der Daten auf einem Magnetspeicher dennoch eine forensische Analyse ermöglichen.

Es werden auf jeden Fall noch einige Herausforderungen auf die Forensik zukommen, aber dies bedeutet keineswegs ihr Ende.

Literaturverzeichnis

[ANANDTECH] Anand Lal Shimpi, Putting Theory to Practice: Understanding the SSD Performance Degradation Problem, URL http://www.anandtech.com/show/2738/8, zuletzt am 15.08.2014 abgerufen

[Bonetti 2013] G. Bonetti, M. Viglione, A. Frossi, F. Maggi, S. Zanero, A comprehensive black-box methodology for testing the forensic characteristics of solid-state drives, Proceddings oft he 29th Annual Computer Security Application Conference, S. 269 – 278, 2013

[Bovet 2005] Bovet, Daniel P und Marvo Cesati, Understanding the Linux Kernel, O`Reilly & Associates, Sebastopol, 2. Auflage, 2002

[BSI 2011] Bundesamt für Sicherheit in der Informationstechnik. Leitfaden "IT-Forensik", Stand 2011

[Carrier 2005] B. Carrier, „File System Forensic Analysis", Adision-Wesley Perason Education, 2005

[Chen 2010] Feng Chen, David Koufaty, Xiaodong Zhang, Understanding intrinsic characteristics and system implications of flash memory based solid state drives, Dissertation, The Ohio State University, 2010

[Chung 2011] Chung, Liew T. ; Freescale Semiconductor (Hrsg.): MCF54418 NAND Flash Controller. Freescale Semiconductor, 2011

[Computerbase] Computerbase GmbH, Berlin, URL http://www.computerbase.de/2014-03/38-cent-pro-gigabyte-ssd-preise-sinken-weiter/, Stand 12.03.2014, zuletzt am 15.08.2014 abgerufen

[END 2010] G. B. Bell, R. Boddington, Solid State Drives: The Beginning of the End for Current Practice in Digital Forensic Recovery?, Journal of Digital Forensics, Security and Law 5, 2010

[Erbach 2013] M. S. Erbach, IT-Forensik von Mobiltelefonen - Herausforderungen bei der Analyse von physischen Speicherabbildern basierend auf NAND-Flashspeichern, Bachelorarbeit, FH Aachen, 2013

[Evolution 2009] A. Pal, N. Memon, The Evolution of File Carving – The benefits and problems of forensics recovery, New York, USA: IEEE Signal Processing Magazine, 03.2009

[Fischer] Werner Fischer, Solid-State Drive, Thomas-Krenn Wiki, URL http://www.thomas-krenn.com/de/wiki/Solid-State_Drive#SSD_Aufbau, zuletzt am 15.08.2014 abgerufen

[Fkrezgy 2011] Y. Fkrezgy, Solid State Drive (SSD) digital forensic construction, Masterarbeit, Politecnico di Milano, 2010/2011

Literaturverzeichnis

[Forensik 2006] A. Schuster, Binärdateien vergleichen mit nwdiff, Stand 06.01.2006, URL http://computer.forensikblog.de/2006/01/binardateien-vergleichen-mit-nwdiff.html, zuletzt am 15.08.2014 abgerufen

[Fraunhofer 2010] O. Avni, T. Knierim, Carving und semantische Analyse in der digitalen Foresnik, Seminar: Digital Forensik, Stand 08.07.2010

[Geschonneck 2011] A. Geschonnek, Computerforensik – Computerstraftaten erkennen, ermitteln, aufklären, 5. Aufl. Heidelberg: dpunkt.verlag, 2011

[IBM 2009] X. Hu, E. Eleftheriou, R. Haas, I. Iliadis, R. Pletka, Write amplification analysis in flash-based solid state drives, IBM Zurich Research Laboratory, 2009

[ITWissen] DATACOM Buchverlag GmbH, Klaus Lipinski, Peterskirchen, URL http://www.itwissen.info/definition/lexikon/Zugriffszeit-access-time.html, zuletzt am 15.08.2014 abgerufen

[M2SSD] Michael Eling, Köln, URL http://m2-ssd.de/ssd-was-bedeutet-slc-mlc-und-tlc/, Stand 22.07.2014, zuletzt am 15.08.2014 aufgerufen

[Manhart 2014] K. Manhart, Unter der SSD-Haube - Fehler korrigieren: Bad Block Management, 11.03.2014, URL http://www.tecchannel.de/subnet/samsung-ssd/2054116/unter_der_ssd_haube/index6.html, zuletzt am 15.08.2014 abgerufen

[MS FAT] Microsoft Corporation, FAT32 File System Specification, Version 1.03 6.12.2000, URL http://staff.washington.edu/dittrich/misc/fatgen103.pdf, zuletzt am 15.08.2014 abgerufen

[Park 2008] C. Park, W. Cheon, J. Kang, K. Roh, W. Cho, J. Kim, A reconfigurable FTL (flash translation layer) architecture for NAND flash-based applications, ACM Transactions on Embedded Computing Systems (TECS), Volume 7 Issue 4, Article No., 07.2008

[RECUVA] Piriform Ltd., Recuva – Features, URL http://www.piriform.com/recuva/features, zuletzt am 15.08.2014 abgerufen

[Schefer 2011] S. Schefer, SSD – Solide State Drive, Proseminar „Speicher- und Dateisysteme", Universität Hamburg, März 2011

[Schnabel ECC] Patrick Schnabel, ECC – Error Correction Code, URL http://www.elektronik-

Literaturverzeichnis

	kompendium.de/sites/com/1504141.htm, zuletzt am 15.08.2014 abgerufen
[Schnabel Flash]	Patrick Schnabel, Flash-Speicher / Flash-Memory, URL http://www.elektronik-kompendium.de/sites/com/0312261.htm, zuletzt am 15.08.2014 abgerufen
[Schnabel SDCard]	Patrick Schnabel, Speicherkarten, URL http://www.elektronik-kompendium.de/sites/com/0904061.htm, zuletzt am 15.08.2014 abgerufen
[Schnabel SSD]	Patrick Schnabel, SSD – Solide State Drive, URL http://www.elektronik-kompendium.de/sites/com/1105091.htm, zuletzt am 15.08.2014 abgerufen
[Schnabel SSHD]	Patrick Schnabel, SSHD – Solid-State Hybrid Drives (Hybrid-Festplatten), URL http://www.elektronik-kompendium.de/sites/com/1207051.htm, zuletzt am 15.08.2014 abgerufen
[Schnabel USB]	Patrick Schnabel, USB-Speicherstick / USB-Stick, URL http://www.elektronik-kompendium.de/sites/com/1012051.htm, zuletzt am 15.08.2014 abgerufen
[Schwarzbauer 2005]	Christian Schwarzbauer, Linux Dateisysteme, Seminararbeit, Johannes Kepler Universität Linz, 2005
[Secorvo 2006]	S. Kelm, Secorvo – Security Consulting GmbH, Arbeitskreis / Forum Security, 45. DFN-Betriebstagung Karlsruhe: Secorvo Security Consulting GmbH, 2006
[Seifart 1998]	M. Seifart, Digitale Schaltungen, 5. Aufl. Berlin: Verl. Technik, 1998
[Siemers 2007]	C. Siemers, A. Sikora, Taschenbuch Digitaltechnik, 2. Aufl. Leipzig: Carl Hanser Verlag, 2007
[Ubuntu cmp]	Ubuntu Deutschland e.V., Nürnberg, URL http://wiki.ubuntuusers.de/Textdateien_vergleichen, Stand 18. Januar 2014, zuletzt am 15.08.2014 abgerufen
[Ubuntu dd]	Ubuntu Deutschland e.V., Nürnberg, URL http://wiki.ubuntuusers.de/dd, Stand 17. Juni 2014, zuletzt am 15.08.2014 abgerufen
[Ubuntuusers 2013]	Ubuntu Deutschland e.V., Nürnberg, URL http://wiki.ubuntuusers.de/Hashfunktionen, Stand 31. Oktober 2013, zuletzt am 15.08.2014 abgerufen

Literaturverzeichnis

[Weisshaar 2008]   Thomas   Weisshaar,   Forensische   Auswertung   von Festplattenimages, Masterarbeit, Johannes Kepler Universität Linz, 2008

[Wikibooks 2014]   Wikimedia   Foundation   Inc.,   San   Francisco,   URL https://de.wikibooks.org/wiki/Disk-Forensik/_Sicherstellung/_Imaging, Stand 21.02.2014, zuletzt am 15.08.2014 abgerufen

[Xiaoyun 2005]   Xiaoyun Wang, Yiqun Lisa Yin und Hongbo Yu: Finding Collisions   in   the   Full   SHA-1.   In: CRYPTO,   2005

Abbildungsverzeichnis

Abbildung 1 File-Slack 7

Abbildung 2 Bitfragment Gap Carving...12

Abbildung 3 Prediction by Partial Matching..13

Abbildung 4 Flash Speicherzelle..17

Abbildung 5 NAND-Bauweise 18

Abbildung 6 NOR-Bauweise...19

Abbildung 7 Lesen Flash-Speicherzelle 21

Abbildung 8 Löschen Flash-Speicherzelle 22

Abbildung 9 Schreiben Flash-Speicherzelle 23

Abbildung 10 Single Level Cell 24

Abbildung 11 Multi Level Cell 25

Abbildung 12 Triple Level Cell 25

Abbildung 13 USB..26

Abbildung 14 Speicherkarte 27

Abbildung 15 SSD 28

Abbildung 16 SSHD 29

Abbildung 17 FAT...30

Abbildung 18 EXT 33

Abbildung 19 Speicherbelegung Pages 35

Abbildung 20 Read-Modify-Write-Zyklus 36

Abbildung 21 LBA/PBA 37

Abbildung 22 Bad Block Management 39

Abbildung 23 nwdiff..46

Abbildung 24 Recuva..48

Abbildung 25 EnCase 49

Abbildung 26 Autopsie 50

Abbildung 27 DiskDigger 51

Abbildung 28 photorec 52

Abbildung 29 PC Inspector File Recovery 52

Abbildung 30 USB Write Blocker for ALL Windows...53

Abbildung 31FileCompare 54

Abbildung 32 USB-Stick 56

Abbildung 33 SD-Karte..56

Abbildung 34 SSD-Festplatte...56

Abbildung 35 HDD-Festplatte 57

Abbildung 36 mount 59

Tabellenverzeichnis

Tabelle 1 MFT Einträge 32

Tabelle 2 EXT2 Dateitypen 34

Tabelle 3 Autopsie Ergebnisse 62

Tabelle 4 EnCase Ergebnisse 62

Tabelle 5 Recuva Ergebnisse 63

Abkürzungsverzeichnis

ASCII	American Standard Code for Information Interchange
BBM	Bad Block Management
BIOS	Basic Input/Output System
BSI	Bundesamt für Sicherheit in der Informationstechnik
CD	Compact Disc
CDH	Compound Document Header
cmp	compare
CRC	Cyclic Redundancy Check
DCO	Device Configuration Overlay
dd	dump device
DOS	Disk Operating System
DVD	Digital Video Disc
EEPROM	Electrically Erasable Programmable Read-Only Memory
EXT	Extended File System
FAT	File Allocation Table
FET	Feldeffekttransistor
FTL	Flash Translation Layer
HDD	Hard Disk Drive
HPA	Host Protected Area
IBAN	International Bank Account Number
IP	Internet Protocoll
JPEG	Joint Photographic Experts Group
LBA	Logical Block Address
MD5	Message-Digest Algorithm 5
MFT	Master File Table
MLC	Multi Level Cell
MSAT	Master Sector Allocation Table
NIST	Nationales Institut für Standards und Technologie
NPN-Kanal	Negativ-Positiv-Negativ-Kanal
NTFS	New Technology File System
OLE	Oject Linking and Embedding
PBA	Physical Block Address
PC	Personal Computer
PDF	Portable Document Format
PPM	Prediction by Partial Matching
RAM	Random Access Memory
RoC	Rate of Change
SATA	Serial Advanced Technology Attachment

Abkürzungsverzeichnis

SD-Karte	Secure Memory Digital Card
SHA	Secure Hash Algorithm
SLC	Single Level Cell
SSD	Solid State Drive
SSHD	Solid State Hybrid Drive
TIF	Tagged Image File
TLC	Triple Level Cell
USB	Universal Serial Bus
VBA	Visual Basic for Applications

Anhang

Anhang 1

```
Sub createPictures()
    Dim pdfjob As PDFCreator.clsPDFCreator
    Dim sPDFName As String
    Dim sPDFPath As String
    'Aktiven Drucker auf PDFCreator setzen
    Application.ActivePrinter = "PDFCreator"
    For x = 1 To 17093
        'Zahl einfügen und auf gewünschte Größe einstellen----
        Selection.WholeStory
        Selection.Delete Unit:=wdCharacter, Count:=1
        Selection.TypeText Text:=x
        Selection.WholeStory
        Selection.Font.Size = 200

        'Dateiname und -pfad festlegen-------------
        sPDFName = x & ".jpg"
        sPDFPath = "G:\"

        Set pdfjob = New PDFCreator.clsPDFCreator
        With pdfjob
            'Sicherstellen, dass der PDFCreator startet
            If .cStart("/NoProcessingAtStartup") = False Then
                MsgBox "Can't initialize PDFCreator.", vbCritical + vbOKOnly, "PrtPDFCreator"
                Exit Sub
            End If
            'Standardwerte für PDFCreator setzen
            .cOption("UseAutosave") = 1
            .cOption("UseAutosaveDirectory") = 1
            .cOption("AutosaveDirectory") = sPDFPath
            .cOption("AutosaveFilename") = sPDFName
            .cOption("AutosaveFormat") = 2 ' 2 = JPG
            .cClearCache
        End With

        'PDF drucken
        Application.PrintOut copies:=1
        'Warten, bis der Druckjob zum Drucken gekommen ist
        Do Until pdfjob.cCountOfPrintjobs = 1
            DoEvents
        Loop
        pdfjob.cPrinterStop = False

        'Warten, bis PDFCreator gedruckt hat - Freigabe des Objekts
        Do Until pdfjob.cCountOfPrintjobs = 0
            DoEvents
```

Anhang

```
        Loop
        pdfjob.cClose
        Set pdfjob = Nothing
    Next x
End Sub
```

Impressum

Scherer, Daniel
Kanonenweg 21
96450 Coburg

www.ingramcontent.com/pod-product-compliance
Lightning Source LLC
Chambersburg PA
CBHW061026050326
40689CB00012B/2717